M. Jervis

Vol. 2

BM Croker

Writat

Cette édition parue en 2024

ISBN : 9789359949222

Publié par
Writat
email : info@writat.com

Contenu

CHAPITRE XVII.
"PRENDEZ LES CONSEILS D'UN AMI."

Sarabella-Brande était une femme vraiment fière, puisqu'elle terminait une inspection de sa nièce, avant que la jeune femme ne commence à faire sa première apparition en public. Il n'y avait aucun défaut à trouver dans cette robe blanche fraîche, ce joli chapeau, ces gants soignés et cette ombrelle — sauf qu'elle aurait aimé juste un *peu* plus de couleur ; mais ce qui manquait à Honor à cet égard, c'est que sa tante se maquillait généreusement en sa propre personne, sous la forme d'une soie bleu cobalt, lourdement bordée de broderies d'or, et d'un bonnet bleu et jaune vif. Deux pousse-pousse étaient présents, un grand nouveau sur pneus en caoutchouc indien et quatre jampannis criards, tous au service de « Miss Sahib ». Mme Brande ouvrait la voie, parcourant la route lisse du club à une vitesse de sept milles à l'heure, allongée à un angle de quarante-cinq degrés, les plumes de son capot s'agitant triomphalement à l'arrière de son véhicule. Le club était le centre, le cœur ou le pouls social même de Shirani. Il contenait des salles pour lire, écrire, danser, jouer aux cartes ou au billard, ou boire du thé.

Dehors s'étendait une longue véranda, bordée de chaises en osier de forme irrégulière, donnant sur les courts de tennis et les jardins et offrant une belle vue sur les neiges.

Les six courts de tennis étaient pleins, la fanfare des Scorpions jouait la dernière nouvelle gavotte, lorsque Mme Brande arriva la tête en l'air, suivie de près par sa nièce et le capitaine Waring. Elle sentait que tous les regards, et particulièrement ceux de Mme Langrishe, étaient tournés vers elle et qu'ils étaient pleinement à la hauteur de l'occasion. Mme Langrishe, impeccablement vêtue d'un costume français et ressemblant à une élégante minutie, murmura à son compagnon, Sir Gloster Sandilands :

« Ce n'est pas vraiment une mauvaise fille ; pas du *tout* imprésentable, mais jaunâtre, » et elle sourit avec une signification mortelle, ne supposant pas que ses légers éloges aient attiré le baronnet vers Honor sur-le-champ. Puis elle se leva et descendit en fronçant les sourcils avec ses jupons de soie, et aborda sa rivale avec des expressions de joie hypocrite.

"Où *étais*-tu?" elle a demandé. « Nous pensions que vous étiez en quarantaine ; mais quand je te regarde, je n'ai pas besoin de te demander comment tu vas ? Je vous prie de me présenter votre nièce. J'espère qu'elle et Lalla seront d'immenses alliées. Pendant qu'elle parlait, elle scrutait attentivement chaque élément de l'apparence d'Honor et éprouvait un pincement au cœur inattendu.

La jeune fille était une dame, elle avait une silhouette gracieuse et un visage brillant et intelligent ; et on n'avait pas laissé la vieille femme l'habiller ! Même son œil captif ne trouvait rien à redire à ces simples toilettes.

« Comment allez-vous, Mlle Gordon ? Avez-vous fait une bonne sortie ? » demanda-t-elle avec urbanité.

"Oui merci."

"Vous êtes sorti dans l' *Arcadia* , et très probablement avec un certain nombre de personnes que je connais, les Greys, les Bruce, les Lockyers."

« Je l'ai sans aucun doute fait. Il y avait trois cents passagers.

"Et vous avez sans aucun doute passé un très bon moment et vous vous êtes énormément amusé."

"Non, je ne peux pas imaginer que quiconque s'amuse à bord du navire", répondit Honor, avec un souvenir frappant d'enfants agités à laver, à habiller et à garder hors de danger.

"Oh!" avec un sourire piteux, mi-méprisant, "le mal de mer pendant tout le trajet ?"

Honor secoua la tête.

" Eh bien, je vois que vous ne vous engagerez pas, " avec un air enjoué, " mais j'apprendrai tout de vous par les Gris ", et elle hocha la tête de manière significative, au point de dire : " Je vous en prie, n'imaginez pas qu'aucun d'entre eux ne vous engage. tes énormités *me* seront cachées !

« Lalla ! » à sa nièce, qui était au centre d'un groupe d'hommes, «viens ici et sois présentée à Miss Gordon».

Lalla s'avança à contrecœur, avec l'air d'une martyre sociale.

"Je pense que nous nous sommes déjà rencontrés", a déclaré Honor en tendant franchement la main.

Miss Paske le regardait avec une sorte d'expression vide, et haussant les sourcils d'une voix traînante...

"Je crois que non." Mais elle fit aussi un petit signe rapide.

Malheureusement pour elle, elle eut affaire à une jeune fille qui ne savait pas lire de tels signaux et qui répondit d'une voix claire et portant loin :

« Oh, tu ne te souviens pas ? Je t'ai rencontré l'autre matin avant le petit-déjeuner au milieu des pins ; vous qui marchez avec M. Joy, vous vous souvenez sûrement à quel point nos chiens se sont battus désespérément ! »

Lalla était furieuse contre cette idiote maladroite et, à partir de ce jour, elle la détestait amèrement.

Mme Langrishe fut informée pour la première fois des premières promenades de Lalla et ses lèvres se contractèrent d'un air menaçant. Elle n'approuvait pas ces *tête-à-tête matinaux* avec un plumeux impécunieux, comme Toby Joy.

"Ah, oui, maintenant que vous en parlez, je m'en *souviens* ", répondit Miss Paske, d'un air qui impliquait que le fait de la réunion exigeait un effort mental des plus exhaustifs. « Mais tu étais en *déshabillé* , tu vois » (c'était une remarque malveillante et mensongère), « et tu as l'air si différent quand tu es habillé ! Comment pensez-vous que vous aimerez l'Inde ?

"Il est encore trop tôt pour le savoir."

"Je vois que vous avez la prudence", avec un petit ricanement; «Maintenant, je décide d'aimer ou de ne pas aimer un lieu ou une personne sur place. Je suppose que vous aimez monter à cheval ?

"Je n'ai jamais roulé depuis que je suis enfant, mais j'espère apprendre."

« Alors cette monture sur le poney du capitaine Waring était votre première tentative. Comme tu avais l'air ridicule ! J'ai bien peur que vous soyez trop vieux pour apprendre à monter à cheval maintenant. Peux-tu danser?"

"Oui, j'aime beaucoup danser."

« Combien de robes de bal avez-vous sorties ? » » demanda Miss Paske.

"Seulement trois", répondit l'autre en s'excusant.

« Oh, ils seront suffisants. L'Inde n'est plus ce qu'elle était. Les filles restent dehors la moitié de la nuit. Ne laissez pas votre tante choisir vos robes à votre place, ma chère. En effet, nous vous présenterons tous un vote de remerciement si vous choisissez *les siennes* . J'ai un sens tellement douloureux de la couleur qu'une combinaison grossière me fait toujours mal. Il suffit de regarder ces chuprassi, d'un écarlate vif, debout sur un fond magenta flamboyant – de Bourgainvillia – le contraste est un scandale. Il faut vraiment que je demande à quelqu'un de faire avancer cet homme. Voici Sir Gloster. Nous irons lui faire appel ensemble », et elle s'éloigna.

"Je suppose que c'est le dernier arrivé?" » dit Sir Gloster, un grand jeune homme à l'air lourd, qui portait des vêtements amples, un chapeau de feutre doux et défraîchi, et qui roulait en marchant.

« Oui, c'est Miss Gordon, la nièce de Mme Brande. Elle en a une demi-douzaine, et elle a écrit à la maison pour en acheter un, et on dit qu'elle a demandé le plus beau ; et les gens ici, qui ont des surnoms pour chacun, l'appellent « l'échantillon ».

"Excellent!" » s'écria Sir Gloster, « et un échantillon de première classe. Elle pourrait leur dire d'en fournir quelques autres sur le même modèle.

« J'espère que nous *en trouverons* assez pour le moment », répondit Miss Paske plutôt sèchement.

« Est-ce que tous les gens ont des surnoms ? »

"La plupart d'entre eux; ceux qui sont remarquables d'une manière ou d'une autre, répondit-elle tandis qu'ils faisaient les cent pas. « Cet homme au visage rouge là-bas s'appelle « Sherry », et sa femme – je ne la vois pas – « Bitters ». Le capitaine Waring, qui est anormalement riche, est appelé « le millionnaire » ; son cousin, le beau jeune homme en flanelle, qui se tient plutôt en retrait, est « le parent pauvre » ; Miss Clegg est connue sous le nom de « poule sombre des bungalows », parce qu'elle est si osseuse, et les quatre Miss Abraham, qui sont toujours assises en rangée et, comme vous le remarquez, sont un peu brunes, sont « la montagne enneigée ».

"Excellent!" » s'écria Sir Gloster.

« Cet homme que vous voyez boire du café, poursuivit la jeune fille enjouée, avec son grand visage plat d'acajou, c'est « le Jambon d'Europe », n'est-ce pas un joli nom ? Ces deux Miss Valpy, les filles aux cheveux courts et aux immenses plastrons de chemise, sont appelées « les gars » ; ce jeune roux est connu sous le nom de « l'ONU rose » et les deux Mme Robinson sont respectivement « la bonne Mme Robinson » et la « jolie Mme Robinson ».

"Excellent!" répéta encore une fois le baronnet. « Et sans aucun doute, vous et moi – en tout cas moi – avons reçu un nouveau nom, et tout ce genre de choses ?

"Oh non," secouant la tête. "D'ailleurs", avec un sourire gentiment flatteur, "il n'y a rien à ridiculiser chez toi."

Elle n'allait certainement pas lui dire qu'il s'appelait « Double Gloster », en référence à sa taille.

Sir Gloster Sandilands avait environ trente ans, rustique dans ses idées, simple dans ses goûts, étroit dans ses vues. Il était le fils unique de sa mère, veuve, qui le tenait dans un ordre strict. Il aimait la société des dames et la musique ; et, étant plutôt ennuyeux et lourd, il appréciait beaucoup une compagne jolie, vive et amusante. Les compagnons de cette description ne lui étaient pas inconnus chez lui, mais comme ils étaient généralement aussi sans le sou que charmants, la douairière Lady Sandilands les tenait, ainsi que leurs fascinations, à une distance impraticable. Elle a fait confiance à sa sœur,

Mme Kane, pour s'occuper strictement de son trésor sous son toit ; mais Mme Kane était beaucoup trop occupée par ses propres affaires pour avoir du temps à consacrer à son grand frère, qui était sûrement assez vieux pour prendre soin de lui-même ! Il était enchanté par l'Inde ; et le passage d'un petit club de comté et d'un environnement local confiné, les soucis d'un propriétaire et d'un magistrat, à ce climat et ces paysages exquis, et à une vie libre, nouvelle et itinérante était délicieux. Il avait passé le froid dans les plaines et était venu à Shirani pour rendre visite à sa sœur et goûter aux plaisirs d'une station de montagne indienne.

Pendant ce temps, Mme Brande avait présenté sa nièce à un certain nombre de personnes ; et, la voyant emmenée par le jeune Jervis pour regarder le tennis, elle s'était laissée tomber dans une chaise basse et s'était abandonnée à une discussion avec une autre matrone.

De là, elle fut impitoyablement dérangée par Mme Langrishe.

"Excusez-moi, chérie, mais vous êtes assis sur le *monde* ."

"Oh non, en effet, je suis sûre que non", protesta promptement la dame, hésitante à se soulever de son siège confortable.

"Eh bien, s'il vous plaît, regardez", plutôt brusquement.

"Là!" avec impatience, « vous voyez, ce n'est pas ici. Je ne sais pas pourquoi tu devrais penser que *j'étais* assis dessus.

«Je suppose», avec un sourire désagréable, «je *vous soupçonnais naturellement* , parce que vous êtes assis sur tout le monde!» Et puis elle s'éloigna, laissant son adversaire haletant.

«Je n'ai jamais connu une femme aussi odieuse», s'écria-t-elle presque en larmes. "Elle me bouscule et me moque, et pourtant elle aura le visage pour écrire et emprunter tous mes plats d'accompagnement et ma machine à glace la première fois qu'elle dîne, mais ce n'est pas *souvent* , Dieu merci."

Pendant ce temps, Honor était penchée sur une balustrade rustique et regardait un match de tennis auquel jouait son oncle. Il était enthousiaste, jouait bien et avait l'air incroyablement jeune et actif.

"Donc vous vous êtes fait des amis, je vois", observa Jervis.

« Je ne sais pas pour les amis », répéta-t-elle dubitative en pensant à Lalla. "Mais j'ai été présenté à plusieurs personnes."

« Cette véranda est un endroit horrible. Waring a un courage extraordinaire pour s'asseoir parmi tous ces étrangers. Je suis beaucoup trop timide pour m'aventurer à moins d'un kilomètre et demi.

«Je crois qu'il est tout à fait à l'aise et qu'il a rencontré une infinité de connaissances. Avez-vous déjà rendu visite ?

"Non; seulement un ou deux vers lesquels il m'a traîné. Je ne suis pas un homme de la société.

"Et comment allez-vous consacrer votre temps?"

« J'aime les raquettes et le tennis. Votre oncle m'a donné une invitation générale à sa cour. Pensez-vous que nous pourrions organiser un match demain – votre oncle et moi, et vous et Miss Paske – ou Mme Sladen ?

"Oui; si nous pouvions trouver Mme Sladen.

« Pas Miss Paske ? Tu ne l'aimes pas ? avec une étincelle dans les yeux.

« Il est trop tôt pour dire si je l'aime ou non ; mais elle n'a pas jugé trop tôt pour se moquer de ma tante.

« Eh bien, Miss Gordon, je vais vous dire quelque chose. Je me fiche de Miss Paske.

"Pourquoi?" » demanda-t-elle rapidement.

« Parce qu'elle me snobe si férocement. C'était la même chose à Calcutta. À propos, comme elle était ravie tout à l'heure, lorsque vous, d'un air très enfantin et fade, avez informé sa tante et la plupart de Shirani de ses agréables petites expéditions avec la jeune Joy.

« *N'aurais* -je pas dû rien dire ? » demanda Honor en tournant vers lui une paire d'yeux tragiques. « Oh, ça me ressemble tellement, je fais toujours des erreurs. Mais je n'ai jamais rêvé que j'étais… j'étais… »

"Laisser les chats sortir des sacs, hein?" » compléta-t-il tranquillement.

"Non en effet; et cela semblait si étrange qu'elle ne se souvienne pas de m'avoir rencontré il y a seulement trois jours.

« Vous étiez bien déterminé à ce qu'elle ne l'oublie pas, et nous verrons si elle vous pardonnera un jour. Voici le vieux Sladen », tandis qu'une silhouette lourde apparaissait, écrasant le gravier et s'appuyant sur les balustrades d'une manière qui les mettait à rude épreuve, il regardait les groupes gays et six courts de tennis en plein essor. Le colonel Sladen avait l'idée qu'une grossièreté brutale, administrée de manière paternelle, plaisait aux jeunes femmes de l'âge de Miss Gordon, et il dit :

« Alors j'ai entendu dire que vous aviez réalisé la belle prise de la saison. Hahaha! Et j'ai eu le dessus sur toutes les filles présentes, hein ?

"Superbe capture?" répéta-t-elle, le nez délicat en l'air.

« Eh bien, n'ayez pas l'air de vouloir me tirer dessus ! Je veux dire le millionnaire, ce camarade Waring. Il semble rouler des pièces de monnaie maintenant, mais je l'ai connu il y a longtemps quand il n'avait pas un sou. Il jouait... »

«Voici son cousin, M. Jervis», interrompit Honor précipitamment.

"Oh, en effet," jetant un regard indifférent à Jervis. "Eh bien, ce n'est pas une mauvaise chose d'être le cousin d'un millionnaire."

"Comment savez-vous qu'il est millionnaire?" » demanda froidement le jeune homme.

« Oh, je le lui ai soumis, et il n'a pas nié la légère mise en accusation. Il vient de payer le prix fort pour quelques poneys de polo porteurs – j'imagine que le vieux Byng a tenu le coup.

« Le fait d'acheter des poneys de polo ne sert à rien. Si c'était un test, vous pourriez qualifier presque tous les subalternes en Inde de millionnaires », a répondu Jervis avec un sourire.

Le colonel Sladen se contenta de regarder l'orateur avec un air de mépris solennel, jeta le moignon de son cheroot dans un buisson d'héliotrope et, se tournant une fois de plus vers Honor, dit :

« Vous voyez tous nos jeunes hommes les plus intelligents là-bas, Miss Gordon, à vos pieds dans un sens, et ils le seront dans un autre, d'ici peu. Je peux tout vous dire à leur sujet : c'est une bonne chose pour une jeune femme étrangère de savoir comment se trouve la terre, d'avoir une idée claire et de savoir ce que sont les atouts.

"Que veux-tu dire?" » demanda Honor glacialement.

"Oh, viens maintenant," avec un rire odieux, "tu vois ce que je veux dire. Je tiens à vous signaler certaines personnes et, comme je suis le résident le plus âgé, vous ne pourriez pas être entre de meilleures mains. Il y a le capitaine Billings des Baies, l'homme à la casquette jaune, qui joue avec Miss Clover, la plus jolie fille ici... »

Il fit une pause pour voir si le coup de feu était révélateur ou si sa déclaration serait contestée ; mais non.

« C'est Toby Joy, qui joue et danse et qui devrait être dans un music-hall plutôt qu'au service. Il y a Jenkins des Crashers, l'homme mince avec une ceinture rouge ; très riche. Son père gagnait de l'argent en cochons ou en pilules – ce n'était pas ce qu'on pourrait appeler un aristocratique, mais il est bien doré. Ensuite, il y a Alston des Grey Rifles, un beau type, fils aîné ; et Howard des Palfrey de la Reine – vieille famille, des tas d'étain ; mais il boit. Maintenant, sur lequel de ces jeunes hommes allez-vous mettre votre casquette ?

"Aucun d'entre eux", répondit-elle avec une pâle dignité.

« Ah, viens ! Je vais vous dire cinq contre un, vous serez marié à cette époque l'année prochaine.

"Non, pas dans cinq ans."

"Absurdité! Alors pourquoi es-tu sortie, ma chère demoiselle ? Vous ne jetterez pas de la poussière aux yeux d'un vieux 'Qui hye' comme moi, qui a vu des centaines de nouveaux tours dans sa journée ? Je suppose que vous pensez que vous êtes venu pour réconforter votre tante et votre oncle ? Même pas un peu! Vous êtes venu réconforter un jeune homme. Suivez les conseils d'un ami, » baissant la voix sur un ton plus confidentiel, « et gardez un œil constant sur le millionnaire.

« Colonel Sladen », ses lèvres tremblantes de passion, ses yeux flamboyants de colère, « je suppose que vous plaisantez et que vous trouvez tout cela très drôle. Cela ne m'amuse pas du tout ; au contraire, je… je trouve que c'est une chose pitoyable de trouver un homme de votre âge aussi dépourvu de bon goût et disant des bêtises aussi vulgaires !

"Est-ce que tu vraiment?" » d'un ton badin, et non pas d'un esprit gêné – en fait, plutôt content qu'autrement. « *Aucun* respect pour vos aînés ! Ho ho ho! Aucun sens de l'humour, hein ? Eh bien, je crois que vous êtes un jeune pompier ordinaire ! Nous allons avoir toute la maison en feu – un feu-Brande, c'est une blague, hein ? – pas mal. Je vois des tombeaux qui me font signe ; il a enfin levé un caoutchouc, Dieu merci ! Désolé de m'arracher. Réfléchissez à mes conseils. Au revoir », et il partit en riant.

« Avez-vous déjà connu un homme aussi détestable ? s'exclama-t-elle en se tournant vers Jervis avec des larmes de colère scintillant dans les yeux.

"Eh bien, une ou deux fois, il m'est *venu* à l'esprit de le hisser par-dessus les palissades, si j'en étais capable."

Honor éclata de rire involontairement, en pensant à leur poids comparatif.

"Il l'a fait exprès pour vous attirer, et il vous a vraiment énervé."

« Penser qu'il est le mari d'une femme telle que Mme Sladen ! Oh, je le déteste ! Imaginez qu'il ait l'insolence de prétendre que chaque fille qui vient en Inde n'est rien d'autre qu'une chercheuse de fortune intrigante et mercenaire ! Je suis content qu'il ait signalé tous les hommes riches ! »

"Puis-je demander pourquoi?" » demanda son compagnon quelque peu surpris.

— Parce que, bien entendu, je prendrai le plus grand soin de ne jamais en connaître un.

« Alors, pour une fois, la pauvreté aura son lot ? Vous ne tabouerez pas les plus jeunes fils ?

"Non; seulement de bons matchs et de belles prises », avec une emphase vicieuse. « Expressions haineuses ! M. Jervis, je vous préviens que si vous étiez riche, je ne vous parlerais plus jamais. Tu rigoles!"

Il *riait certainement* . Alors qu'il appuyait sa tête sur ses bras, ses épaules tremblaient indéniablement.

"Peut-être," d'un ton glacial, "quand votre amusement sera calmé, aurez-vous la bonté de me ramener chez ma tante !"

« Oh, Mlle Gordon ! » se redressant soudainement et lui faisant face avec une paire d'yeux étrangement humides : « J'ai dû paraître extrêmement impoli, et je vous demande humblement pardon. Je riais de... de mes propres pensées, et votre indignation courroucée était telle que... que... »

« Tu ferais mieux de ne pas en dire plus », l'interrompit-elle ; "Vous ne ferez qu'empirer les choses." Puis il a ajouté avec un sourire naissant : « C'est ce que je fais toujours moi-même. Je parle par expérience.

«Promettez-moi une chose», a-t-il insisté, «que vous ne m'abandonnerez pas *lorsque* vous éliminerez votre connaissance.»

« Je vous prie, pourquoi devrais-je vous laisser tomber ? Ma nouvelle règle ne s'applique pas à vous. Êtes -*vous* millionnaire ? Et elle éclata de rire.

Un observateur plus attentif que la jeune femme aurait remarqué une nuance d'embarras dans son regard car, après un moment d'hésitation, il dit :

« Je suis désormais un vieil ami indien, en tout cas, presque votre première connaissance. »

« Oui, j'avoue tout cela ; mais il ne faut pas présumer de notre ancienne amitié. Je vous préviens solennellement que la prochaine fois que vous vous moquerez de moi – riez jusqu'à *pleurer* – nos relations seront... tendues.

Il commençait à faire nuit, les incendies se multipliaient visiblement sur les collines lointaines, le premier clairon du mess était parti. Il y avait un général qui montait dans des pousse-pousse et appelait des poneys, et bientôt le club était vide, les formidables vérandas désertées, et tous les petits joueurs de tennis à casquette rouge rentraient chez eux en troupe.

CHAPITRE XVIII.
LA TABLE DE PRÉSÉANCE.

Le temps passait ; Honor se familiarisait avec son nouvel environnement, avait appris quelques mots hindoustani utiles, avait passé une série d'appels et avait montré qu'elle n'avait pas de mauvaises compétences au tennis. Et Mme Brande avait démontré qu'elle n'était pas seulement une femme de mots. Elle avait adressé au jeune Jervis une invitation générale et urgente chez elle ; d'ailleurs, il trouvait grâce aux yeux de son mari. C'était un jeune homme bien, bien placé, gentleman, un joueur de tennis passionné, sans aucune farce, c'est pourquoi l'honorable Pelham a chaleureusement approuvé l'hospitalité de sa femme.

Quant au capitaine Waring, hélas ! les trois jours d'intimité de voyage – comme des amitiés sur un bateau à vapeur – avaient vacillé, vacillé, puis sombré et mort. Les dîners d'État de Mme Brande étaient irréprochables, mais désespérément ennuyeux ; et elle n'était pas dans le groupe « intelligent » ; sa nièce était beaucoup trop directe et crue ; ses yeux gris sincères avaient une façon de le regarder qui le mettait mal à l'aise – un mortel *blasé* , battu par le monde et égoïste. Elle avait aussi la langue acérée et aucune fortune ; c'est pourquoi il se rendit au camp ennemi et suivit l'étendard de Mme Langrishe.

Le premier grand divertissement auquel Honor était apparu était un grand dîner solennel, donné par le médecin-chef de Shirani. Il devait y avoir trente invités. C'est ce que le cuisinier de Mme Brande avait glané dans la khansamah de Mme Loyd lorsqu'il était venu emprunter des boîtes de gelée et des cuillères à glace. Mme Brande se réjouissait de ces dîners formels, où elle pouvait s'amuser pleinement en tant qu'invitée principale et critique expérimentée ; et elle attendait avec impatience cette fête avec ce qui semblait à sa nièce un degré presque infantile de joie et d'attente heureuse.

M. Brande était absent, mais même s'il avait été chez lui, il n'était jamais enthousiaste à l'égard de ces fonctions. Sa femme s'était plainte à Mme Sladen «qu'il enfilait ses vêtements de soirée et faisait de l'humour en même temps», sauf lorsqu'il dînait à la maison.

« Vous porterez votre soie blanche, Honor, observa sa tante, et moi mon nouveau brocart rose avec la dentelle blanche. Je suis vraiment curieux de voir quelle sera la participation de Mme Loyd. Elle a le vieux cuisinier des Noirs, et ils n'ont jamais donné de dîner décent ; mais Mme Black était avare : elle refusait un verre de vin pour la sauce et ne permettait jamais plus d'un demi-anna par tête pour la soupe à la viande. Maintenant, Mme Loyd récupère du poisson à Bombay, alors j'imagine qu'elle a l'intention de faire les choses correctement. As-tu déjà assisté à un dîner, mon enfant ?

"Non; pas ce qu'on *appellerait* une fête – six au maximum ; mais je suis rentré après le dîner.

« Fi ! fi! ce n'est pas très amusant, s'écria Mme Brande avec un grand mépris. « J'aimerais juste voir quelqu'un demander *à ma* nièce de venir après le dîner ! Je me demande qui va t'accueillir ? Je connais la plupart des gens qui y vont, car je lis toujours leurs noms dans le livret du péon lorsque je reçois des invitations. Il y aura le capitaine Waring, le jeune Jervis et Sir Gloster Sandilands. J'espère que le capitaine Waring vous accueillera.

« Oh, j'espère que non, tante ; lui et moi ne nous convenons pas du tout.

"Pourquoi pas?" plutôt brusquement.

« Je n'ai pas assez de "go" en moi. Je ne peux pas parler des gens qu'il connaît. Je ne suis ni intelligent ni à jour. Je ne peux pas dire des choses amusantes comme Miss Paske ; Je ne suis qu'une stupide petite souris des champs !

"Et c'est un petit chat!" avec un rapide signe de tête. « Eh bien, je dois dire que je préférerais cinquante fois avoir Jervis moi-même. Il a de si belles manières, différentes des autres jeunes gens qui viennent chez moi, mangent et boivent des meilleurs, et me regardent à peine après. Il y avait ce Thorpe ; il n'a même jamais quitté sa chaise quand je lui ai parlé au club. Je sais que je ne suis pas une femme née – mon père était charron – mais lui et les siens étaient au même endroit depuis trois cents ans. Pourtant, j'ai mes sentiments, et ce Thorpe, bien qu'il soit le fils d'un seigneur, n'est pas un gentleman. Il me crut sourd, et je l'entendis dire à un homme, alors que j'étais à son bras :

« Je vais souper la vieille fille. »

« Pas *cette* vieille fille, merci, monsieur », dis-je, et je reculai et allai me rasseoir. « Aïe, il m'a mangé, c'est sûr. Eh bien, Honor, je vous souhaite un agréable partenaire, car ces dîners sont de longues affaires.

« Le sont-ils vraiment, tante ? Je suis désolé de l'entendre.

« S'ils apportent les *entrées* après le restaurant, ce qui est nouveau et conduit à des erreurs, nous sommes bloqués pendant deux heures mortelles. Ces serviteurs indigènes sont les dix plaies de l'Egypte. Une fois... oh seigneur ! Je n'oublierai jamais le visage de la dame : j'ai vu un homme qui distribuait de la purée de pommes de terre en guise d' *entrée* , tout seul ! Une fois, je vis un misérable offrant de la moutarde dans une tasse à déjeuner, et la maîtresse ayant de magnifiques huiliers en argent. Bien sûr, il avait une certaine rancune contre elle. C'est dans *ces* occasions-là qu'ils vous paient, quand ils savent que vous êtes pieds et poings liés. Quant à moi, je vais bien, étant une dame âgée, le médecin *m'emmène*. Mme Langrishe, pour une fois, ne sera nulle part, car les Loyd (elle étant la fille d'un commissaire) savent quoi. Ils ont les règles de préséance au bout des doigts, mais de toute façon je peux toujours leur prêter ceci. » Et elle prit un livre relié en papier bleu et se mit à lire à haute voix :

« 'Toutes les épouses prennent place selon le rang attribué à leurs maris respectifs.' Vraiment ! elle renifla. « J'aimerais savoir combien de fois Mme Langrishe a enfreint *cette* règle ? Maintenant, mon mari, étant membre du conseil, vient à côté d'un évêque. Voyez-vous, Honor ?

"Oui, tante Sara."

« Alors que Mme Langrishe est au-dessous des agents politiques ayant douze ans d'ancienneté. Et je ne suis pas du *tout* sûr qu'elle doive entrer avant le département pédagogique, en deuxième classe.

"Non, ma tante", répondit Honor, s'efforçant d'avoir l'air sage et s'émerveillant beaucoup de l'enthousiasme de Mme Brande. Elle avait rougi, ses yeux brillaient tandis qu'elle brandissait énergiquement le pamphlet qu'elle tenait à la main.

Le grand jour arriva enfin. Les gens de Shirani ne donnèrent pas de longues invitations, et Mme Brande, dans son nouveau brocart rose, portant tous ses diamants et un bonnet à trois hautes plumes roses, partit à temps avec sa nièce, qui portait sa nouvelle soie blanche. et lui a apporté son violon – sur demande spéciale.

Mme Loyd les reçut avec effusion, la salle était à moitié pleine de l' *élite* de Shirani portant leurs plus beaux vêtements et leurs manières officielles les plus douces. Honor remarqua le major et Mme Langrishe, Sir Gloster Sandilands, le capitaine Waring, M. Jervis, le capitaine Noble, le Padre et son épouse, le magistrat de cantonnement et son épouse, le colonel commandant les Scorpions et bien d'autres. C'était une fête officielle des plus solennelles. Bientôt, la porte de la salle à manger s'ouvrit en grand, et un magnifique serviteur salua et dit :

"Khana, mez pur;" *c'est-à-dire* « le dîner est servi ».

Mme Brande se leva à moitié de son siège et sourit d'un air encourageant à son hôte.

Mais… qu'est-ce que c'était ? Il offrait son bras à un insignifiant petit personnage en noir, âgé d'à peine trente ans, et un parfait inconnu ! Mme Brande, comme elle l'a exprimé par la suite, « avait la chair de poule partout ».

Quel affront, devant toute la station, ou du moins dans la meilleure partie ; et il y avait Mme Langrishe qui la regardait avec, oh ! un sourire si *odieux*. Eh bien, en tout cas, elle ne lui donnerait pas la satisfaction de le voir tomber en panne ou s'envoler. Ce sourire était un stimulant, et se levant, après quelques instants d'hésitation bien perceptibles, pendant lesquels les spectateurs retenaient presque leur souffle, elle accepta l'escorte du monsieur qui s'était humblement incliné devant elle, et d'un mouvement dangereux de la main. des panaches déferlèrent lentement dans la salle à manger.

Elle fut conduite dans un endroit bien en vue ; mais qu'en est-il de cela ? Rien, non, pas même une chaise dorée, avec une couronne sur le dossier, ne pourrait plus l'apaiser ni lui plaire. Refusant la soupe d'un geste hautain, elle se pencha en arrière et regarda autour d'elle avec mépris. Oui, il y avait une odeur distincte d'huile de kérosène : l'un des Khitmatghars portait un manteau sale ; c'était le pichet de Mme Sladen, et la plupart des fourchettes étaient empruntées. Quant au dîner, elle renvoyait plat après plat avec un mépris mal dissimulé, modifiant légèrement la monotonie de ce déroulement en laissant des portions visibles sans goût dans son assiette, sachant bien qu'un tel comportement était une douleur et un chagrin pour une hôtesse. Même l'hôte remarqua son peu d'appétit et remarqua de sa voix forte et joyeuse :

"Eh bien, Mme Brande, vous ne mangez rien."

« En effet », elle se pencha en avant et cria : « Je suis si *loin* de toi, je me demande si tu peux le remarquer ; » ajoutant à cette réponse fort disgracieuse : « Je n'ai pas d'appétit *ce* soir », et elle se rejeta de nouveau sur sa chaise et agita son éventail avec passion, pour ne pas dire avec fureur.

Là, pour l'irriter encore davantage, il y avait cette Lalla Paske en face, assise entre Sir Gloster et le capitaine Waring, et lorgnant et continuant ses activités. Petit reptile ! elle voudrait lui lancer une assiette. Honor était de l'autre côté de Sir Gloster, semblant, comme sa tante le remarquait mentalement, très « distant » et animé. Le baronnet parut très frappé et parlait sans cesse ; et c'était là la seule misérable miette de réconfort dont dînait la pauvre dame !

Honor n'était pas trop absorbée par ses propres affaires pour ne pas remarquer que sa tante paraissait terriblement contrariée par quelque chose et qu'elle paraissait extrêmement rouge et en colère.

En fait, Miss Paske, une petite âme bonne et gentille, se pencha et lui dit : « Avez-vous remarqué Mme Brande ? N'a-t-elle pas l'air extraordinaire ? Son visage est si rouge et enflé, je crois vraiment qu'elle va avoir une sorte de crise ! Elle ne mange ni ne parle.

Cependant, pendant le dessert, Mme Brande retrouva sa langue. Il y a eu une discussion générale sur le sujet des prénoms, et quelqu'un a dit que « l'honneur était un joli vieux jeu ».

« Oh ! s'écria Lalla, je trouve ça hideux ! Cela ne vous dérange pas, n'est-ce pas, Mlle Gordon ? Comme j'aurais été en colère si mes parrains et marraines *me l'avaient donné* ! Le son est si brusque et c'est tellement *gentil* .

Mme Brande, qui avait jusqu'alors refusé de parler à son voisin, même de la manière la plus ordinaire, pour discuter du temps, de la grande affaire des diamants ou de l'état de la roupie, éclata soudain :

« Quoi qu'il en soit, cela a une signification décente ; et si c'est bon, bon, le vôtre ne l'est *pas* . Je crois qu'il y avait autrefois une Miss Rooke, qui portait le même nom, et qui aimait jouer la comédie et chanter, et de toute évidence, elle *n'avait pas* de grandes secousses.

Juste alarmée, Mme Loyd fit un signal précipité, et les dames se levèrent comme si elles étaient actionnées par un seul ressort, et partirent en masse dans le salon. Mme Brande s'est immédiatement assise dans un grand fauteuil, où elle s'est assise à l'écart et seule, l'air sévère et inaccessible, alors qu'elle feuilletait lentement un album de photographies. Le livre était à l'envers, mais cela n'avait évidemment aucune importance.

En vain Mme Loyd est venue se tenir devant elle et s'abaisser ; en vain elle essayait de la apaiser. Pauvre petite femme trompée ! C'était une simple perte de temps et de souffle de vanter la robe de Mme Brande, la nièce de Mme Brande, ou même de mendier une recette de chutney.

«Je peux vous donner une recette de *bonnes manières* », observa la matrone indignée d'un ton affreux; – Je vous enverrai la table de préséance, et je vous *écrirai* demain.

En entendant cette terrible menace, le sang de Mme Loyd se glaça, car elle était une femme de paix, et à ce moment les hommes apparurent affalés par deux ou trois, comme c'est leur habitude. Ils découvrirent les dames dispersées par couples dans la pièce, toutes sauf une, assise en majesté solitaire.

Le capitaine Waring se dirigea d'un pas nonchalant vers Lalla et remarqua, tout en jetant un regard significatif à Mme Brande, qui était immobile comme un nuage par une chaude journée d'été, un nuage chargé d'électricité : « Quand je regarde autour de moi, j'ai tendance à dire avec l'aimable enfant au grand cœur, lorsqu'on lui a montré la photo de Doré : « Il y a un pauvre lion qui n'a pas de chrétien ! »

— Elle n'est pas si mal en point qu'on l'imagine, répondit Lalla d'un air sage. « Elle a presque mangé l'hôtesse ; n'a-t-elle pas l'air féroce ? Qui lui jetteronsnous comme nouvelle victime ? Elle est terriblement en colère parce qu'elle n'a pas été invitée à dîner en premier. Pauvre créature, elle a si peu de dignité, qu'elle en prend toujours le plus grand soin. Hourra! Hourra! En fait, elle y va. Oh, je suis énormément amusé.

Oui, Mme Brande s'était déjà levée pour partir. Si elle n'était pas dupe la première, elle était fermement résolue à prendre cette affaire en main et à être la première à partir.

C'est en vain que la douce Mme Loyd a plaidé qu'il n'était que neuf heures et demie, que tout le monde avait hâte d'entendre Miss Gordon jouer, qu'elle avait promis d'apporter son violon.

"Sûrement, Mme Brande, vous ne serez pas assez cruelle pour l'emmener et décevoir toute la compagnie !" » exhorta Mme Loyd pathétiquement. «On me dit que son jeu de violon est merveilleux.»

"La compagnie a vu la tante de Miss Gordon jouer *le second violon* toute la soirée, et *cela* doit les contenter pour le moment", rétorqua Mme Brande, qui était déjà dans la véranda, vêtue d'un superbe long manteau dont la fourrure même semblait Pour capter quelque chose de l'esprit de son propriétaire, et pour se hérisser les oreilles, comme avec une grande inclination, et faisant signe à Honor de la suivre, elle descendit les marches.

Pendant tout le chemin du retour, alors qu'ils roulaient côte à côte, Mme Brande a laissé libre cours à sa colère et a laissé libre cours à ses sentiments blessés. « Precedence » était son passe-temps, son seul point fort. Une femme pourrait la voler, la calomnier, voire la frapper, plutôt que de sortir d'une pièce avant elle. Elle a assuré à sa nièce émerveillée qu'elle écrirait à « P ». avant de dormir cette nuit-là, et à moins qu'elle ne reçoive de grandes excuses, l'affaire devrait être *portée devant le vice-roi* ! À quoi bon des gens qui entrent dans le service et qui gagnent des récompenses après des années de dur labeur dans des climats mauvais et des jungles mortelles, si quelqu'un qui le veut peut les faire descendre de l'échelle, comme *elle* l'a été ce soir-là !

« Quelle était la valeur de ces rendez-vous, continua-t-elle avec colère, avec une voix une demi-octave plus haute, ou était-ce un jeu d'enfant et un nouveau jeu ? Ce serait un jeu cher à certaines personnes !

Elle arriva simultanément à cette conclusion et à sa propre porte, et jetant son enveloppe et arrachant une lampe à un khitmatghar terrifié (qui vit que le Mem Sahib était « Bahout Kuffa »), elle se précipita dans le sanctuaire de son mari et revint avec un livre.

« Comment s'appelait cette personne, Honor ? » elle a demandé; « L'avez-vous entendu par hasard ?... la femme qui a été recueillie la première ?

"Mme. Ringrose, je crois.

« Ringrose, Ringrose », parcourant les feuilles avec une hâte fébrile. "Oui, le voici."

"James... Walter... Ringrose... il est membre du conseil de Calcutta et il est à peine supérieur à P. *d'une semaine !"* et elle regardait sa nièce avec un visage presque décoloré et une expression d'enfant méchante qui a désespérément honte d'elle-même. « Alors j'ai piqué une crise et j'ai raté mon dîner et une agréable soirée, tout cela pour rien ! Eh bien, c'est sûr, j'ai été un bon vieil imbécile, » jetant le livre sur la table. "Mais qu'est-ce qui amène les gens de Calcutta ici ?" » demanda t-elle d'un ton mesquin.

« Je pense qu'elle est la sœur de quelqu'un à Shirani, et son mari est parti dans les neiges et l'a laissée ici. Chère tante Sara, continua Honor d'un ton enjoué, pourquoi vous préoccupez-vous de la préséance ? En quoi la façon dont vous commencez un repas ou l'endroit où vous vous asseyez peut-elle avoir une importance ? »

« Mon cher enfant, c'est dans mon sang. Je n'y peux rien ; c'est pour moi de la viande et de la boisson ; c'est ce qu'est un amant pour une jeune fille, une couronne pour une duchesse, une médaille pour un soldat, c'est le signe extérieur et visible des déserts de P. et du mien. Et la vue d'une autre femme assise à ma place légale m'étouffe. « Une femme prend rang selon son mari », cela a semblé résonner à mes oreilles toute la soirée. Comment pouvais-je savoir que son mari était également membre du conseil ? Cependant, je suis allé dîner, c'est un réconfort. (Cela n'avait pas été beaucoup de réconfort pour son cavalier). « Au début, j'étais hésitant à rentrer directement à la maison. Je me souviens avoir entendu parler de trois dames lors d'une fête, qui s'attendaient chacune à entrer avec l'hôte, et quand il en prenait une, les autres se levaient et partaient sans souper.

« Je pense qu'ils ont été extrêmement stupides : ils auraient dû se prendre bras dessus bras dessous ; c'est ce que j'aurais dû faire », a déclaré Honor avec insistance.

« Oui, les jeunes s'en moquent ; mais je ne peux pas plus changer qu'un léopard sa peau et qu'un nègre ses taches   - eh bien, vous voyez ce que je veux dire. Cependant, je ne suis pas toujours aussi pointilleux : par exemple, cet hiver même, lorsque je suis entré par hasard dans le club des dames d'Alijore et que personne ne s'est levé pour me recevoir, je n'y ai pas prêté attention, même si j'étais si *blessé* que j'ai à peine fermé les yeux cette nuit-là. Embrasse-moi, ma chérie, et pardonne-moi, en tant que membre du groupe, d'avoir rompu si tôt et de gâcher le plaisir de chacun » (un suprême envol d'imagination). "Peut-être qu'un jour tu seras susceptible aussi."

« Peut-être que je le peux, mais pas pour le rang et la préséance. Il n'y a sûrement pas de précédent au ciel.

«Je n'en suis pas si sûre», répondit Mme Brande; « Un archange est au-dessus d'un ange. Cependant, je peux laisser mes pensées fières derrière moi, car j'aurai une place modeste, si jamais j'y parviens. Maintenant, chérie, je meurs de faim ; un morceau de poisson et une cuillerée d'aspic, c'était tout ce que j'avais. Alors appelle Bahadar Ali pour me chercher de la dinde froide, du jambon et un verre de bordeaux. Peut-être que vous feriez un choix aussi ? »

« Non, en effet, merci. J'ai eu un dîner capital.

« Et vous avez trouvé votre partenaire agréable ? – un jeune civil prometteur. Je l'ai soigné pendant la typhoïde et je le connais bien. Il en tire douze cents par mois. Si vous l'épousiez, vous prendriez le *pas* de Mme Langrishe.

« Chère Tante, éclatant de rire, comme tu es drôle ! Je ne vais épouser personne ; vous devez me livrer chez moi une seule jeune femme.

"Quelle absurdité! Cependant, » comme frappé par une pensée heureuse, « vous pourriez être fiancé et toujours célibataire ; Je vous ai vu parler à Sir Gloster… »

« Oui, il est plutôt aimable : il me racontait sa tournée dans les vieilles villes du Deccan. Et--"

« Et j'ai remarqué que Miss Lalla essayait de mettre *sa* cuillère. Quel petit singe insistant, sa tante est très double !

Pour montrer sa pénitence, au lieu de la lettre qu'elle avait menacée – qui gisait comme un cauchemar sur la pauvre Mme Loyd – Mme. Brande envoya le lendemain une restitution sous la forme d'une douzaine d'ananas et d'un panier d'œufs frais. Ils furent acceptés avec joie comme offrandes de paix, et Mme Loyd n'entendit plus parler de « la table de préséance ».

CHAPITRE XIX.
DITES-NOUS LA VÉRITÉ.

Un mois s'était écoulé, et Shirani était aussi pleine et aussi gaie que Miss Paske l'avait prédit : il y avait des dîners, des danses, des bals, des pièces de théâtre et des pique-niques.

Les visiteurs s'étaient répartis en décors et découvraient qui ils aimaient et qui ils n'aimaient pas. Dans une courte saison de montagne, il n'y a pas de temps à perdre en longues démarches de connaissance ; en outre, en Inde, la société change si rapidement et compte tant d'amis communs, résultat de tant de mouvements différents, que les gens se connaissent aussi intimement en six mois qu'ils le feraient en six ans en Angleterre. Il y avait des « décors » dans Shirani, bien que définis de manière non agressive : le décor d'acteur et musical, qui comptait comme stars Miss Paske et M. Joy ; également le capitaine Dashwood, des Dappled Hussars ; Mme Rolland, qui avait été autrefois une actrice hors pair, mais qui était maintenant à la fois sourde et querelleuse ; et bien d'autres lumières moindres.

Ensuite, il y avait le groupe « intelligent », dirigé par Mme Langrishe, qui portait des robes plus adaptées à Ascot qu'aux Hymalayas ; ils buvaient du thé ensemble, dînaient ensemble, parlaient de pairie et discutaient des potins de Londres ; méprisaient beaucoup de leurs voisins et parlaient d'eux comme étant « à peine humains », et étaient dans l'ensemble assez douloureusement exclusifs.

Il y avait le groupe « rapide » : des hommes qui jouaient haut au club, pariaient sur des courses en Angleterre (par fil) ; apprécié les grandes soirées et les combats d'ours, et tombait parfois sans régler son compte au club !

Et même Mme Brande avait un groupe – oui, son propre petit cercle pour la première fois de sa vie – et était une femme fière et heureuse.

«Cela faisait une merveilleuse différence d'avoir une fille à la maison», faisait-elle remarquer au moins deux fois par jour à «P.», et «P.», étrange à dire, recevait l'observation habituelle sans réplique sarcastique.

Honor avait certainement apporté un changement à Rookwood. Elle avait convaincu sa tante de lui permettre de recouvrir de jolie cretonne le salon en reps vert, de bannir la table ronde avec son cercle de livres distribués comme un jeu de cartes, de disposer à profusion des fleurs et des herbes, et de prendre le thé dans la véranda. Honor jouait au tennis d'une manière capitale, et son oncle, au lieu d'aller au club, inaugurait des sets à la maison, et ces après-midi commençaient à avoir une sacrée réputation. Il y avait de bons terrains, de bons joueurs, d'excellents rafraîchissements. Les fraises et la riche crème jaune de Mme Brande étaient réputées ; et les gens étaient impatients de recevoir des invitations permanentes à Rookwood les « mardis » et « samedis ». Outre M. Brande et sa nièce, hôtes en eux-mêmes, il y avait Sir Gloster, Mme Sladen, le Padré et sa femme, ainsi que le jeune Jervis, qui étaient *des habitués réguliers* . Il y avait des tournois et des prix, et une vivacité et une vivacité d'esprit qui en faisaient les divertissements les plus populaires à Shirani, et les gens condescendaient à pêcher assidûment ce qu'ils auraient autrefois méprisé, à savoir : « les invitations aux après-midi de Mère Brande ». .»

Le capitaine Waring était fatigué de Shirani, même s'il avait rencontré de nombreux amis : il jouait au polo trois fois par semaine et au whist six fois, jusqu'au petit matin. Bien qu'invités deux fois plus que n'importe quel autre célibataire et deux fois plus populaires que son cousin, lui et son cousin – comme il le remarqua en éclatant de rire – « n'étaient pas dans le même groupe ».

(D'ailleurs, Mme Langrishe et sa nièce n'étaient pas dans le même décor ; car Lalla était « théâtrale » et sa tante était « intelligente ».)

Le capitaine Waring et son compagnon vivaient ensemble à Haddon Hall, réputé dans le monde entier pour ses cheminées fumantes ; mais bien qu'ils résidaient sous le même toit, ils se voyaient peu. Waring possédait les meilleures chambres, un imposant personnel de serviteurs arborant des écussons. Jervis vivait dans deux petits appartements et le chef de sa suite était un respectable porteur à la barbe grise, nommé Jan Mahomed, qui avait l'air bon marché. Jervis passait la plupart de son temps à faire de longues promenades ou à cheval – à tirer ou à dessiner avec quelques jeunes gens des Scorpions – ou à Rookwood, où il dînait au moins trois fois par semaine et passait tous ses dimanches, et où il avait été chaleureusement accueilli par Ben, et adopté dans la famille comme son « oncle » ! Aucun mot, aussi nombreux et éloquents soient-ils, ne pourrait indiquer avec plus de force à quel point il jouissait des bonnes grâces de M. et Mme Brande. Être « l'oncle » de Ben impliquait presque qu'ils le considéraient comme un fils adoptif.

Souvent les jours s'écoulaient, et Clarence et son compagnon ne se voyaient guère qu'au polo. Mark se levait tôt et se levait tôt – en effet, il lui arrivait parfois de se lever et de s'habiller avant que son cousin ne se couche.

Un après-midi, cependant, il le trouva visiblement en train d'attendre son arrivée, assis dans la véranda, et non comme d'habitude à la table de cartes du club.

« Bonjour, Marc ! quel jeune oiseau gai tu es, toujours en train de sortir, toujours en vol, jamais à la maison !

"C'est pareil pour toi", dit joyeusement l'autre.

"Eh bien, je voulais juste te voir et te voir quelques minutes, mon vieux. J'en ai vraiment marre de cet endroit – nous sommes ici depuis presque six semaines – je vote, comme dit le policier, on passe à autre chose.

"Déménager où?" » fut l'enquête laconique.

« À Simla, bien sûr ! le club ici n'est qu'un simple pot-house tapageur. Je n'ai jamais vu un polo aussi pourri ! Mon meilleur poney est boiteux – il a perdu l'épaule. Je crois que ce petit mendiant Byng m'a coincé ; et en plus, Miss Potter, la fille aux yeux noirs et qui a douze cents dollars par an, s'en va.

"À Simla?" de manière expressive.

"Oui. Elle ne veut pas bouger, mais les gens avec qui elle est, les Atherton, sont partis, et bien sûr, elle est obligée de les accompagner. Cette fille m'aime bien, elle croit en moi.

"Pensez-vous qu'elle croit que vous êtes comme on vous appelle ici, un millionnaire ?"

« Quelle façon grossièrement grossière de le dire ! Eh bien, je ne serais pas surpris si elle le faisait !

"Alors si tel est le cas, ne penses-tu pas que plus tôt tu la détromperas, mieux ce sera!"

« Excellente jeunesse pleine d'esprit ! Mais pourquoi?"

"Parce qu'il me semble que nous avons joué à ce petit jeu assez longtemps."

« Et vous languissez encore une fois pour le bon vieux bateau à bord et les jours de Poonah ! Devons-nous publier qui est vraiment qui dans les journaux et envoyer un petit « para » au *Pionnier*? avec un sarcasme colérique.

"Non; mais ne voyez-vous pas que lorsque j'ai pris ce que vous appelez une « banquette arrière », je n'ai jamais imaginé que cela se transformerait en une sorte de fraude sociale ordinaire, ni nous mènerait à une telle ampleur. Je suis toujours sur le point de laisser échapper quelque chose à propos d'argent et de me relever. Si je dis la vérité, les gens jureront que je mens. Cela ne me dérange pas qu'ils me prennent pour un jeune âne insignifiant et oisif ; mais quand ils parlent devant moi de misère extrême, puis s'arrêtent pour s'excuser, quand ils s'abstiennent positivement de me demander de souscrire à des divertissements ou à des œuvres caritatives, je vous dis que cela ne me plaît *pas* . Je suis un imposteur de haut rang. Un jour, il y aura une terrible explosion si nous n'y prêtons pas attention.

« Une agréable explosion pour vous. Vous n'êtes sûrement pas assez stupide pour supposer que quelqu'un penserait du mal de vous parce que vous êtes un homme riche.

Les pensées de Mark se tournèrent vers Honor Gordon, et il ne répondit rien.

« Nous sommes allés trop loin pour revenir en arrière », a poursuivi Waring de manière impressionnante, « du moins en ce qui concerne Shirani. Nous pourrions déplacer notre ciel et aller à Simla, puis, après un certain temps, laisser la vérité suinter.

"Je suis désespérément désolé d'avoir altéré la vérité", s'écria l'autre en se levant et en commençant à marcher dans la véranda. « Je n'ai jamais menti directement, et personne ne *m'a jamais soupçonné* : je n'ai pas l'air riche, ni les goûts d'un homme riche ; maintenant, vous (s'arrêtant brusquement devant Clarence et le regardant partout) vous avez les deux.

« C'est vrai, ô roi ! et les gens ont sauté sur leurs propres conclusions. Pouvons *-nous* aider à cela ? Cela m'a fait passer un bon moment et vous a évité bien des ennuis et des ennuis. Eh bien, la fille au gilet à carreaux vous aurait épousé il y a des mois.

« Pas elle ! Je ne me marie pas si facilement que ça ! répondit l'autre avec indignation.

«Je suis très soulagé de l'entendre. Je suis heureux que vous vous souveniez des instructions d'oncle Dan. J'avais peur qu'ils commencent à vous sortir de la tête, et en les gardant à l'esprit, je pense que plus tôt, pour *toutes* les parties, vous quitterez Shirani, mieux ce sera.

«Je ne vais pas bouger», dit résolument Jervis; "et tu connais la raison."

Waring souffla une bouchée de fumée, puis dit d'une voix traînante : « Bien sûr… Miss Gordon.

"Non; mon père, rougit comme une fille. "Vous savez qu'il habite à moins de soixante kilomètres de là, et c'est ce qui m'a donné envie de venir à Shirani."

« Oui, je comprends parfaitement ; et tellement envie de *rester* !"

"Je lui ai écrit", ignorant cette insinuation, "et je lui ai dit que j'attendrais ici jusqu'en octobre, dans l'espoir de le voir."

« Vous ne le verrez jamais », faisant maintenant descendre un volume de fumée dans ses narines.

"Le temps nous le dira - j'espère que je le ferai."

« Et le temps ne s'arrête pour personne ! Les Atherton et Miss Potter partent dans dix jours, et je les accompagnerai ; il n'y a rien de tel que de voyager avec une jeune femme pour faire avancer ses intérêts, comme *vous* le savez, mon garçon. Maintenant, ne soyez pas en colère. Oui, je m'en vais. Je ne suis pas l'héritier d'un millionnaire et je dois consulter *mes* intérêts. Si vous suivez mon conseil, vous rejoindrez la petite fête.

"Non, merci; Je resterai ici.

"Voulez-vous dire que vous resterez dans cet endroit mort et vivant pendant les quatre prochains mois ?"

"Je le ferai, du moins jusqu'à ce que mon père me fasse venir" - et il s'arrêta une seconde - "ou jusqu'à la fin de la saison."

« En fait, en langage simple, *jusqu'à ce que les Brandes descendent* », répéta Clarence d'un ton significatif ; et se levant et jetant le bout de sa cigarette, il se dirigea vers le mess adjacent.

CHAPITRE XX.
Mlle Paske défie sa tante.

Mme Langrishe acquiesça d'un ton extrêmement langoureux à la remarque constante : « Quelle charmante fille Miss Gordon ! et quelle favorite elle est devenue ! Sa tante et son oncle lui sont très dévoués. Elle pensait tristement en ces occasions à sa propre nièce, Lalla, qui dansait comme une fée, ou aux rayons de lune sur la mer, qui était toujours entourée aux bals, dont le jeu de banjo et les paroles élégantes la rendaient indispensable ; aucun divertissement n'était considéré comme complet sans Miss Paske.

Ces triomphes sociaux étaient délicieux ; mais hélas! la belle Lalla était *Joie de rue, ouleur de maison* , et sa tante, qui souriait si complaisamment en public lorsqu'on la félicitait des réussites sociales de son jeune parent, savait dans son cœur que ce même parent s'était révélé une illusion et une cruelle imposture. Fanny avait été *beaucoup* plus intelligente qu'elle ne le croyait en transmettant un véritable mal : une petite pièce contrefaite très basse. Il était vrai que Fanny n'avait pas menti dans sa description. Lalla était belle, *piquante* , accomplie et d'humeur égale ; mais un caractère irrégulier aurait été bien plus facile à gérer. Lorsqu'on lui faisait des remontrances ou qu'on lui parlait brusquement, la jeune femme se contentait de sourire. Lorsqu'on lui demandait de ne pas faire telle ou telle chose, elle le faisait et souriait. Lorsque sa tante, en de rares occasions, se mettait en colère contre elle, elle rayonnait positivement. Elle n'essayait jamais d'argumenter, mais suivait simplement son propre chemin, aussi obstinée qu'un convoi de mules d'intendance.

Il lui était formellement interdit d'aller aux pique-niques du dimanche, mais elle y allait néanmoins. On lui a demandé de ne pas s'asseoir dans les « kala juggas » (coins sombres) lors des bals. Mme Langrishe aurait pu garder son souffle, car aux bals, si par hasard elle y jetait un coup d'œil, elle était presque certaine de voir un jeune homme en compagnie de son incorrigible nièce, qui lui ferait un signe de tête avec une expression radieuse, et refuse en riant de rentrer chez lui.

Pauvre Mme Langrishe ! elle ne pouvait pas faire de scène. Lalla, la rusée Lalla, savait bien que sa tante se soumettrait patiemment à toute indignité privée avant que le monde ne soupçonne que sa nièce était complètement incontrôlable et qu'elle ne pouvait pas la gérer. Miss Paske a exploité confortablement ces connaissances, jusqu'à ce qu'elle rende presque fou son majestueux chaperon.

La jeune femme était déterminée à s'amuser, à profiter au maximum de la vie et peut-être à bien se marier. Elle se traitait dans la maison de sa tante comme une invitée honorée et distinguée : elle donnait des ordres aux domestiques, bouleversait les arrangements existants et invitait constamment les hommes à déjeuner ou à prendre le thé, ou – oh, point culminant ! – à dîner. Si on lui faisait des remontrances, elle se contentait de dire, avec son sourire serein et envoûtant :

« Oh, mais, chérie » – elle appelait toujours Mme Langrishe « chérie », même dans les moments les plus critiques – « Je l'ai toujours fait chez tante Fanny ! elle ne s'y est jamais opposée ; *elle* était si hospitalière.

Elle n'apportait aucune aide à la maison et s'asseyait généralement dans sa propre chambre, frisant sa frange, étudiant ses rôles ou écrivant des lettres. Son principal intime était Mme Dashwood, qui était sur scène, et les hommes du décor théâtral ; et elle informa doucement son chaperon horrifié qu'elle avait été considérée comme la fille la plus rapide de l'Inde et qu'elle se glorifiait de cette distinction.

« À Calcutta, on m'appelait 'le gratte-ciel' », a-t-elle ajouté avec un rire complaisant.

Que fallait-il faire ? C'est une question que Mme Langrishe a posée à Granby, puis à elle-même. Jamais, jamais elle n'avait vécu une période aussi misérable que durant ces deux derniers mois. Être bafouée, moquée et ordonnée sous son propre toit ; être défiée, caressée et insultée par une coquine sans le sou et détestable, qui dépendait d'elle même pour l'argent des timbres-poste et des offrandes ! Doit-elle payer son passage et la ramener chez elle ? Non, elle ne s'avouerait pas battue, elle, la femme intelligente de la famille ! Elle épouserait bien ce petit misérable – d'une manière qui reviendrait à son honneur – et s'en laverait ensuite les mains *pour toujours* .

La première série de pièces de théâtre connut un immense succès. Miss Paske était la principale dame de la pièce et avait l'air charmante de l'autre côté de la rampe. Le capitaine Waring, qui aimait la scène, était allé dans les coulisses et avait peint le petit visage espiègle de Lalla à sa propre demande, ce qui provoqua chez les autres dames beaucoup de chagrin et de jalousie, d'autant plus que le résultat était un triomphe artistique complet.

Tout le monde était emporté par le jeu vif et la danse enjouée de la Prima Donna, à la fois fringantes et gracieuses, bref, la poésie même du mouvement. Sa robe aussi, pour ce qu'elle était, était parfaite dans les moindres détails. La danse des jupes en était encore à ses balbutiements : une *figurante* était un spectacle rare sur une scène indienne, et le caractère nouveau et étonnant du spectacle enleva les spectateurs, et Lalla et Toby Joy partagèrent les honneurs de la soirée entre eux. eux.

Mme Langrishe était secrètement horrifiée. Elle n'avait vu dans la pièce que le costume de Lalla ; Lalla et le Dirzee (qu'elle monopolisait entièrement) l'avaient composé ensemble : elle avait projeté, il avait réalisé son esquisse. Il y avait eu des conférences et des essais mystérieux, dont sa tante avait été strictement exclue, et Mme Langrishe était beaucoup trop fière pour manifester un intérêt ou une curiosité pour la question ; mais dans ses moments les plus fous, elle n'avait jamais rêvé du caractère de la robe — ni de ses limites !

Alors qu'elle était assise au premier rang, regardant les bras agités et les membres souples de son odieuse nièce, ses voisins ne se doutaient pas qu'il y avait parmi eux un martyr social, un martyr dont les souffrances étaient encore aggravées par le sourire narquois et satisfait de lui-même. baiser aérien, la belle danseuse avait daigné lui jeter !

Ensuite, alors que Lalla, étroitement masquée et cagoulée, recevait modestement les félicitations de ses amies, elle leur dit timidement :

« Oh, tu n'imagines *pas* à quel point j'étais nerveux au début ! Mes pauvres petits genoux tremblaient sous moi.

"Étaient-ils? Je ne *les* ai pas remarqués », répondit Mme Brande de son ton le plus sévère ; et les auditeurs admettaient qu'à cette occasion « la vieille mère Brande avait marqué ! »

Le lendemain matin, Mme Langrishe, après s'être d'abord fortifiée avec un verre de vin, entra dans la tonnelle de sa nièce, afin de lui administrer une réprimande vraiment solide, dont l'essentiel était (tel que répété par Ayah qui l'écoutait à d'autres domestiques profondément intéressés, comme elle a tiré sur le huka du cuisinier)—

«Tant que vous êtes dans *ma* maison et sous mes soins, vous devez vous comporter correctement. Si cela est impossible, comme je le crains, je vous renverrai directement chez vous. L'Ayah vous emmènera à Bombay et vous accueillera en deuxième classe, bien que la classe qui convient le mieux à vos manières soit en réalité la classe de direction. Votre jeu et, dans une certaine mesure, votre danse étaient très bien ; mais je ne m'étonne pas que Mme Brande ait été choquée par votre tenue, ou plutôt par votre manque, à peine au-dessous de vos genoux !

"Mme. Brande est un vieux crapaud borné ! s'écria Lalla avec mépris. «Je ne crois pas qu'elle ait jamais été dans un théâtre anglais de sa vie. Elle devrait voir certaines des robes à la maison ! »

« Ce n'est pas ainsi qu'on s'installe, et vous le savez », poursuivit sa tante. "C'est une chance que Sir Gloster ne soit pas présent : c'est un homme avec des idées très correctes."

« Ce stupide et paresseux rustre ! quelles sont ses idées pour moi ? se moqua Lalla avec un sourire exaspérant.

«J'aurais aimé qu'il ait une idée *de* toi», rétorqua sa tante. « Je suis sûr que je devrais être très reconnaissant. Cependant, vous savez que nous descendrons dans quatre mois, et rappelez-vous que c'est votre dernière chance !

Sur ce, selon le Ayah, Miss Sahib « rit beaucoup ».

Mais Miss Sahib a visiblement pris ce conseil à cœur. Pendant quelques jours, elle s'est montrée extrêmement pianistique et sage, acceptant ses honneurs récemment remportés et le surnom de « Miss Taglioni » avec un air de protestation douce qui était tout simplement délicieux.

La pièce fut bientôt suivie d'un concert au club ; et ici Miss Gordon, avec son violon, a pour une fois mis Miss Paske complètement dans l'ombre. Quel contraste ils présentaient. La petite silhouette souriante, inclinée et grimaçante, vêtue de rose, avec des nuages de cheveux duveteux et un banjo ruisselant de rubans gais, qui compensait le manque de voix par l'expression, le chic et l'impudence, et jeta Tommy Atkins, dans les quatre années. sièges, dans un délire d'enthousiasme.

Puis vint la grande demoiselle en blanc, aux bras sculpturaux, qui envoûtait peu à peu ses auditeurs, et retenait les émotions de son auditoire au creux de la petite main qui guidait son arc.

Pour une fois, Mme Brande se sentit consciente que Honor avait, comme elle l'exprimait mentalement, « étouffé ce petit singe effronté », et bien que personnellement elle préférât les mélodies du banjo et des nègres, le public des lieux à deux roupies ne l'a apparemment *pas fait* . ils ont applaudi avec enthousiasme, piétiné et crié : « Encore ! bis!" et semblait prêt à démolir la maison. Et même le jeune Jervis, habituellement si réservé et peu démonstratif, avait applaudi jusqu'à ce qu'il ait déchiré ses gants.

Mme Langrishe n'était pas en reste dans ses applaudissements. Elle ne laisserait à personne le pouvoir de déclarer qu'elle était jalouse du succès retentissant de Miss Gordon, mais elle se dit :

« Oh, si Honor Gordon n'était que *sa* nièce ! Avec quelle reconnaissance elle échangerait des relations avec Mme Brande. C'était là une jeune fille simple et bien élevée, qui pouvait briller n'importe où, et qui était complètement abandonnée entre ses mains actuelles. Il est vrai que Sir Gloster semblait très frappé ; tout le monde *l' a vu* , sauf la fille elle-même et sa vieille chauve-souris de tante. Il ne l'avait jamais quittée des yeux, alors qu'elle se tenait devant la rampe, et elle avait fait un tableau indéniablement charmant, mince et gracieux, avec un air démodé de dignité vierge, et *comment* elle jouait !

Elle jeta un coup d'œil à sa propre jeune femme, qui s'avançait maintenant pour chanter une autre chanson, au milieu des encouragements bruyants des banquettes arrière.

Lalla était jolie, ses cheveux blonds et doux étaient coiffés n'importe comment (un art étudié), ses yeux étaient brillants, son style *piquant* , mais son expression était tout, et oh, quel petit démon elle était !

Et puis elle a chanté – elle était certainement la cantatrice la plus célèbre qui ait jamais chanté sans voix.

« Quelle charmante détenue votre nièce doit être, Mme Langrishe », observa une dame à côté d'elle. "Tellement amusant et lumineux, tout un *rayon de soleil* dans la maison."

Ce à quoi le pauvre martyr répondit avec un sourire un peu rigide : "Oh oui, en effet, tout à fait délicieux."

Elle enviait encore plus Mme Brande son trésor lorsque, alors qu'ils quittaient le club, elle remarqua Honor enveloppant affectueusement sa tante - car la nuit s'était avérée humide - et faisant une plaisanterie enjouée tout en attachant une capuche sous son ample vêtement. menton. *Sa* nièce s'était servie du seul imperméable et était partie dans son pousse-pousse, parmi le premier vol, avec un jeune homme à ses côtés.

« Elle est partie avec Toby Joy ! Je suis vraiment étonné que Mme Langrishe lui permette d'être si indépendante », dit une voix (celle d'une femme) dans le noir, proche de cette dame maltraitée et heureusement inconsciente de sa proximité.

Misérable Mme Langrishe, s'ils savaient *tout* , les cœurs les plus durs la plaindraient sûrement.

Elle rentra seule chez elle, bien décidée à parler à Lalla, mais quand elle arriva, sa colère s'était retombée. Elle a découvert le coupable allongé dans un fauteuil, fumant une cigarette amicale avec Granby et le divertissant avec des mimiques inimitables de certains de ses collègues interprètes.

"Oh, alors tu es enfin apparu!" s'écria Lalla avec une surprise languissante. « Fi, fi, comme tu es en retard, chérie ! *Je suis* à la maison depuis des lustres. J'ai pris l'imperméable pour recouvrir mon banjo bien-aimé – je l'ai « enveloppé dans sa veste en bâche », vous connaissez la chanson. J'étais sûr, comme je ne vous avais pas vu, qu'un horrible ennuyeux s'était emparé de vous, et je savais que vous détesteriez *me* faire attendre sous la pluie, alors je suis rentré chez moi immédiatement.

CHAPITRE XXI.
LE GRAND PIQUE-NIQUE DE LA FAMINE.

La saison des « pique-niques » à Shirani s'est déroulée avec une sévérité sans précédent. Il y avait des pique-niques autour du thé, forme de divertissement peu coûteuse, chère aux gens économiquement disposés, qui se flattaient de pouvoir effacer toutes les dettes sociales avec une nappe étalée sur une pente moussue (à quelques pas du cantonnement), et à cela ils invitent leurs amis à partager des fruits bon marché, des gâteaux préparés au bazar et du thé fumé – la « vue » choisie comblant toutes les carences. Il y avait de petites réceptions de thé confortables, où les plats étaient délicats et luxueux et, pour correspondre à la compagnie, des déjeuners appétissants, emportés pour être discutés à des kilomètres de là, sous les pins, face à des vallées d'un bleu indistinct et à des sommets d'une blancheur éclatante ; et de toutes ces expéditions, le pique-nique « L'Arche de Noé » fut sans conteste la plus populaire.

En juin, le climat, la société et les paysages de Shirani indiquaient tous des pique-niques, encore des pique-niques, et encore des pique-niques. Ils étaient sans cérémonie, facilement appréciés, facilement refusés. Les nouveaux venus d'en bas, après un mois au milieu d'une forêt de pins sombre et fraîche, ou une étude critique d'une vallée profonde, recouverte de magnifiques arbres forestiers, flamboyants de rhododendrons rouges, roses et blancs, avaient du mal à croire qu'il existait un tel loin en dessous d'eux se trouvaient des plaines cuites de couleur fauve, sur lesquelles, au lieu d'une brise délicate et parfumée, rugissait le souffle effronté des vents chauds cracheurs de feu. La saison *en plein air* a culminé avec un pique-nique pour les « dames mariées », organisé principalement par Mme Langrishe et Mme Brande. Il y avait eu une réunion du comité dans les toilettes des dames du club ; Mme Langrishe a été élue secrétaire, étant très compétente avec sa plume. La conférence s'était tenue à huis clos – solennelle – et secrète.

Néanmoins, certaines motions et arrangements avaient été divulgués. On savait que Mme Brande s'était portée volontaire pour fournir le champagne, ainsi que les volailles, les jambons et les tartes levées. Mme Sladen était prête à prendre le thé de l'après-midi, des tasses et des soucoupes, du lait, du sucre et des gâteaux. Mme Dashwood a fourni des cheroots, des cigarettes et des piquets.

Mme Loyd, les douceurs, tartes, gelées et *meringues* .

Mme Clark, la soupe.

Mme Glover, les glaces. Il fallait faire la chose avec style.

Mme Paul, l'épouse du Padré (ayant une famille nombreuse), s'en est tirée avec du café.

« Vos propres tasses et cuillères bien sûr », ajouta impérativement le secrétaire.

Mme Langrishe – il y eut un long soupir d'attente, alors qu'elle lisait son propre nom : « Eh bien, elle fournirait les rendez-vous, les nappes et les serviettes, les assiettes, les couteaux et les fourchettes, le pain, la salade et l'eau. .» Il y eut une pause, et elle continua de manière impressionnante :

Tout le monde n'était pas disposé à risquer ses belles choses » (elle empruntait à Manockjee, la boutique Parsee) ; « mais *elle* s'y risquerait », et ses humbles compagnons acceptèrent sa contribution avec autant de reconnaissance que le champagne et le jambon de Mme Brande. C'était un de ses coups de maître habituels, et le pique-nique ne lui coûterait rien, hormis l'utilisation d'un peu de linge de maison et de quelques miches de pain.

Toute la station devait être invitée ; l'endroit choisi était à cinq milles de Shirani ; les invités devaient se rassembler chez Mme Langrishe. Avec son talent habituel, elle s'attribua tous les honneurs et obtint par anticipation tout le mérite du divertissement. Bien sûr, ce devait être une affaire d'arche de Noé.

La société s'est réunie à onze heures et demie à « St. Germain's (bungalow du major Langrishe), et Mme Brande, qui fournissait la partie la plus chère du festin, éprouvait un *peu* de mal à être reçue en invitée par la femme qui n'apportait que de la vaisselle et des nappes, - en effet toutes les hôtesses étaient secrètement rétives et mécontentes. Les dames trempaient leurs mains dans un panier et chacune dessinait le nom d'un homme (leur sort) sur un bout de papier, et bien que Lalla croyait l'avoir poussé jusqu'au fond, avec une petite torsion du papier, de sorte que elle pouvait le reconnaître elle-même : Honor a tiré le prix, sous la forme de Sir Gloster Sandilands, pour le plus grand plaisir de ce gentleman. Par la suite, Honor proposa de l'échanger ou de dessiner à nouveau, lorsque Lalla lui assura sèchement qu'« il y avait eu une erreur : que son nom avait été écrit deux fois et qu'elle avait également dessiné le baronnet ». Finalement, il fut convenu que Honor et Lalla se partageraient : Honor se rendrait au pique-nique avec M. Jervis, et Lalla avec Sir Gloster, et échangerait des cavaliers au retour. L'affaire fut donc réglée à l'amiable. Honor aurait été reconnaissante d'avoir évité complètement le baronnet : elle avait plus qu'une vague idée qu'il l'aimait bien, et il lui parlait toujours de sa place à la maison et de sa mère, et lui disait à quel point il souhaitait pouvoir présentez-lui les deux. Mme Brande ne pouvait pas se plaindre qu'il *ne* vienne pas : sous un prétexte ou un autre, il venait chaque jour, apportant un livre ou un journal, ou regardant à l'intérieur pour demander le nom d'une fleur sauvage, ou pour une tasse de thé, ou sans aucune excuse, mais simplement pour s'asseoir et regarder Honor Gordon.

Mme Brande n'était pas aussi aveugle que certains le prétendaient. Ce possible match présentait certains avantages. Ce serait presque la mort de Mme Langrishe ! sa nièce serait Lady Sandilands ; mais, d'un autre côté, elle ne supportait pas de perdre Honor ! Shirani avait aussi les yeux grands ouverts, et Mme Daubeny avait annulé les deux nouvelles robes de sa fille.

Enfin le *cortège* se dirigea vers le lieu de leur prochain repas, certains à cheval, d'autres à pied, beaucoup de dames en dandys. La distance était de cinq milles, à travers des vallons verdoyants, des clairières vertes et des sentiers escarpés découpés à travers la forêt. Le capitaine Waring avait dessiné l'héritière et était heureux ; Sir Gloster était avec Lalla, qui était radieuse. Il y avait une distance considérable entre certains couples, tandis que d'autres restaient aussi proches qu'une école de filles.

"Je ne savais pas que les chiens étaient invités aux pique-niques !" s'exclama une voix grincheuse d'un dandy, venant derrière Miss Gordon, M. Jervis et Ben.

"Ben avait une carte d'invitation spéciale pour lui tout seul, Mme Dashwood", a répondu son propriétaire.

"Eh bien, j'espère qu'il est le seul de son espèce à avoir été ainsi honoré, et que cela ne constituera pas un précédent."

"Tu n'aimes pas les chiens?" demanda Jervis.

« Non, j'ai désespérément peur d'eux, et ils semblent le savoir. Le seul chien que je pourrais me résoudre à tolérer serait un chien sans dents ! Eh bien, je dois continuer… j'espère que vous vous montrez très agréable avec Miss Gordon, M. Jervis ? » ajouta-t-elle d'un ton ludique.

"J'ai bien peur que non. Mon stock d'idées est plutôt faible ; peut-être pourriez-vous suggérer un sujet nouveau et intéressant.

« Votre vie et vos aventures », s'écria la dame en passant devant eux ; "Essaye ça."

"De quoi parlions-nous?" dit Jervis. « Devons-nous revenir sur la dernière remarque avant six ?

— Plus facile à dire qu'à faire, répondit gaiement son compagnon ; "nous devons commencer un nouveau sujet."

"Eh bien, je doute que ma vie et mes aventures soient d'un intérêt passionnant", continua-t-il en se tournant vers Honor, et elle fut frappée de constater qu'elle n'avait jamais entendu son compagnon actuel faire allusion de quelque manière que ce soit à sa maison ou à ses affaires. C'était une belle ouverture, s'il voulait en profiter.

"Mme. Dashwood m'a confié une tâche ardue : mener une carrière aventureuse n'est pas la chance de tout le monde. (Si tous les récits étaient vrais, des événements sensationnels auraient largement ponctué l'histoire de la dame.) « Maintenant, que préféreriez-vous : des mensonges intéressants, ou des vérités très ennuyeuses ?

"Ni l'un ni l'autre, je pense."

"Et qu'en est-il de *votre* vie et de vos aventures?"

"Oh, j'ai passé la plupart de mes journées dans un petit village tranquille, et je me souviens à peine d'un seul incident, si ce n'est qu'un jour j'ai renversé une charrette à âne !"

« Je peux faire mieux, comme on dit, car j'ai contrarié un entraîneur ! puis il coloria et ajouta précipitamment, et comme s'il refusait toute question : « Moi aussi, j'ai mené une vie banale. Je suis né ici et je n'ai été renvoyé chez moi qu'à l'âge de six ans, c'est pourquoi je découvre que ma langue maternelle m'est revenue.

« C'est en effet le cas... J'ai souvent été étonné de votre extraordinaire maîtrise de l'hindoustani ; Je pensais que tu avais un merveilleux talent pour les langues.

"Ce que je n'ai pas, ni d'ailleurs pour rien."

"Miss Paske dit que vous avez un talent pour le silence", dit Honor modestement.

« Les paroles de Miss Paske sont citées partout, avec le poids de tant de proverbes ! Elle dit que les femmes réfléchissent *toutes* à l'église. Elle déclare que son sexe ment par timidité — et rien d'autre. Dois-je continuer ?

"Non; Je préférerais vos propres remarques originales à celles de Miss Paske de seconde main, dit Honor, même si j'avoue que c'est à moi de l'introduire dans la conversation. Après votre arrivée d'Inde, qu'avez-vous fait ?

«Je suis allé à l'école, de l'école à l'université, puis j'ai vécu à Londres, de temps en temps, jusqu'à ce que je vienne ici. Nos vies et aventures communes ne représentent pas grand-chose ! J'ai toujours envie d'une expérience peu commune, mais de telles choses semblent me gêner.

"Regarder! Il y a la pauvre Mme Sladen sur cet horrible poney de traction, interrompit soudain Honor ; elle en a terriblement peur, mais elle n'ose pas le dire...

"Être entre le diable et la mer profonde?"

«Quelle est la mer profonde ? Colonel Sladen ou le Budmash ? demanda la jeune dame d'un air interrogateur innocent.

« Comme bon vous semble. Je crois qu'il y a bien longtemps, lorsqu'il était jeune et actif, Sladen était un homme de première classe à cheval et faisait des courses. Qui penserait à le regarder maintenant ? il pèse environ dix-sept pierres !

« Et cela bouleverse complètement la vieille théorie selon laquelle les gros sont toujours de bonne humeur !

« Il s'intéresse encore assez aux chevaux et aux poneys ; vous remarquerez peut-être qu'il a toujours de bons animaux.

"C'est agréable à regarder", corrigea rapidement Miss Gordon.

« Oui, et y aller aussi ; et comme il ne peut pas les monter pour les vendre, comme il le faisait autrefois, il met maintenant la pauvre malheureuse Mme Sladen en selle. Les animaux de l'Arche de Noé ne sont pas si mal couplés », poursuit le jeune homme. « S'il vous plaît, regardez la volaille de Dâk Bungalow marchant avec le jambon européen ! Pensez-vous que cette combinaison était préméditée ?

« Non, c'est purement accidentel, j'imagine. Je dois dire que je trouve dommage la façon dont les gens sont surnommés !

«Je suppose que c'est un divertissement oiseux pour les esprits oisifs. Je crois que j'ai moi-même été honoré d'un ou deux nouveaux noms – cela ne me dérange pas du tout – et je sais pertinemment que Waring est extrêmement satisfait du sien !

« Ce qui est plus que ce qui serait le cas pour la plupart des gens. Par exemple, pensez-vous que Miss Cook serait heureuse d'apprendre qu'elle est connue sous le nom de « bonne simple cuisinière » ?

« Eh bien, vous savez, nos infirmières nous disaient qu'il vaut mieux être bon que beau ! Et nous voici!"

Le rendez-vous était maintenant atteint, Honor et son compagnon étant presque les derniers arrivés. Il y avait une vue superbe et ininterrompue sur les neiges, mais certains auraient préféré la vue de quelque chose à manger. Qu'étaient devenus les coolies et les tiffin ? Les nappes étaient étalées (et même décorées), mais à part quelques bols de salade et une maigre quantité de petits pains, on ne voyait rien de mangeable.

Des enquêtes furent faites, et enfin les terribles nouvelles commencèrent à circuler, d'abord progressivement, puis officiellement confirmées. Le déjeuner était perdu !

Les khansamah de Mme Langrishe et de Mme Brande, qui étaient à la tête des affaires, étaient des rivaux mortels. L'homme de Mme Langrishe souhaitait être un leader (comme sa maîtresse) ; il fit la loi, et il ordonna aux coolies et aux serviteurs de chacun de se placer sous ses ordres. "Au lieu d'être silencieux et honteux, comme il aurait dû l'être, le—le nouker" (*c'est-à-dire* le serviteur) "d'un mem sahib qui n'envoyait que des assiettes vides." C'était l'idée du khansamah de Mme Brande, et à son avis il s'exprima haut et fort. Une querelle désespérée s'ensuit. Il a dit que le déjeuner devait être envoyé à un seul endroit : Mme. L'homme de Brande a déclaré avec autant d'insistance qu'il devait être expédié à un autre. Ce dernier était le plus puissant, il faisait valoir son point de vue et, ce qui était pire, il emportait avec lui tous les autres serviteurs et coolies ! En ce moment, ils préparaient soigneusement un repas vraiment excellent, à un rendez-vous favori, exactement à sept milles de l'autre côté de Shirani, et à douze de la compagnie affamée actuelle.

Le tarif de Mme Langrishe – oui, cela avait fuité – était tout ce qui leur était proposé !

Certaines personnes étaient extrêmement en colère. Le colonel Sladen, qui avait évalué sa soif à dix roupies – même si personne n'était impatient de l'acheter – était vraiment presque hors de lui ! Sir Gloster, bien qu'il *fût* amoureux, paraissait désespérément sombre. « Ben » Brande, je dois l'avouer honnêtement, était visiblement déçu. Le pain sec et la salade n'étaient pas dans sa gamme, et il gardait le souvenir affectueux d'une odeur délicieuse provenant de la cuisine de sa maîtresse. Certaines personnes ont ri – Honor et son compagnon étaient parmi les plus hilarants.

Mme Langrishe était montrée sous ses vraies couleurs pour une fois et s'était retirée dans une retraite quelque peu mortifiée sous un rocher voisin. Mme Brande était bouleversée. « Où, demanda-t-elle, les larmes aux yeux, était sa khansamah ? Où étaient ses tartes levées, sa salade grecque, ses asperges glacées ? Mais si son âme hospitalière était contrariée, elle ne regrettait pas que la part généreuse de sa rivale fût ainsi exposée à tous les regards.

Le parti, dans son ensemble, a exceptionnellement bien pris cette catastrophe sans précédent. Ils mangeaient du pain sec (avec ou sans sel), buvaient de l'eau et finissaient avec des salades. Ensuite, les hommes fumaient en toute sérénité. S'il n'y avait eu que du thé, mais, hélas ! le thé avait suivi l'exemple infâme du champagne.

Naturellement, un tel déjeuner n'avait pas tardé à être expédié. Que fallait-il faire ? Comment se déroulerait la prochaine heure vide ?

Et voici que Miss Lalla Paské s'avança et se jeta dans la brèche. Plus tard, sa tante créditait toujours Lalla d' *une* bonne action.

Se levant, sans attendre d'attirer l'attention de qui que ce soit, elle s'éloigna lentement avec son petit air fanfaron, et grimpa sur un rocher moussu, et se disposant dans une attitude pittoresque, envoya un cavalier chercher son banjo, qu'elle commença bientôt à battre, et avait Bientôt (comme elle le souhaitait) elle rassembla une foule. Lorsqu'elle eut rassemblé un public suffisamment nombreux, elle entonna une mélodie nègre, avec un art et une vivacité admirables, et instantanément toutes les voix masculines se joignirent au chœur. Mme Langrishe et Mme Brande arrivèrent ensemble sur les lieux et virent la vive Lalla, le centre d'attraction, montée sur un trône impromptu, entourée d'admirateurs. De tels moments étaient quelques-unes des rares compensations de sa malheureuse tante. Oh! si l'un de ces admirateurs voulait bien s'avancer et demander la petite main délicate et nerveuse, qui joue maintenant si habilement une mélodie *de ranche* .

La belle chanteuse faisait un tableau charmant, elle avait l'instinct familial pour l'effet, sa silhouette souple était mise en relief délicieusement par un fond vert dense, et un joli petit pied pendait négligemment sur une dalle de rocher, un si joli petit pied ! dans une si jolie petite chaussure !

Et où était la nièce de Mme Brande ? Au milieu de la foule, simple spectatrice du succès de sa rivale. Tout à coup, Lalla tendit soudain son banjo à Sir Gloster et dit vivement :

« Maintenant, qui voudrait que l'on lui dise l'avenir ? S'il vous plaît, ne parlez pas tous ensemble.

« Lalla est vraiment merveilleuse », murmura Mme Langrishe à son compagnon. "Elle a fait de nombreuses études en chiromancie et elle a beaucoup de succès."

Mme Brande avait l'air très incrédule, mais elle pouvait voir que Lalla était maintenant étroitement investie par un cercle de paumes étendues et une foule criante de clients potentiels. (Certaines personnes ont déclaré que cet exploit n'était qu'un prétexte de la part de Miss Paske pour tenir la main des hommes, et qu'elle ne connaissait absolument rien de l'art des bohémiennes, mais qu'elle était une juge avisée du caractère et qu'elle s'inventait intelligemment au fur et à mesure.) Autre fait notable et hautement suspect : elle accordait invariablement les fortunes les plus alarmantes à ceux qu'elle n'aimait pas. Elle semblait prendre un plaisir vindicatif à s'étendre calmement sur leurs calamités imminentes, et faisait les annonces les plus sinistres avec un sourire.

À présent, elle examinait la main de Mme Brande, avec un sourcil plissé et pensif.

Elle n'avait pas le temps de faire toutes les mains, déclara-t-elle, et celles qu'elle entreprenait devaient être entièrement de son choix.

« Vous avez eu une part inattendue des biens de ce monde », déclara-t-elle enfin en élevant la voix pour que chaque syllabe soit audible. « Vous serez toujours aisé, mais vos espoirs actuels seront déçus. Au fil du temps, votre vie va changer. Vous êtes menacé d'un ramollissement du cerveau, oui ! votre ligne de tête descend sur la lune – vous serez probablement un idiot incurable et cloué au lit pendant de nombreuses années.

« *Merci* », s'écria Mme Brande en retirant sa grosse main. « Cela me suffira pour le moment ; » » et elle se retira parmi la foule, marmonnant des phrases décousues, qui ressemblaient à « Londres – comparu devant le tribunal de police, voyant la bonne aventure contre la loi – six mois de travaux forcés. Mais le sort terrible de Mme Brande et son indignation étouffée n'ont pas réussi à dissuader les autres, en réponse à la demande claire de Miss Lalla...

"Le suivant."

Miss Ryder, une jolie fille aux cheveux blonds et aux yeux bleus pathétiques, s'avança timidement et regarda l'oracle d'un air suppliant.

"Oui, humph", examinant d'un œil critique la paume rose de Miss Ryder. « Votre tête est entièrement gouvernée par votre cœur, et oh mon Dieu ! il y a une terrible croix sur la ligne du cœur, un mariage brisé. Non, » tournant la main de côté, « je ne vois pas de ligne de mariage sur ta main, mais beaucoup de petits soucis ; la véracité n'est *pas* un attribut – non ; vous vivrez longtemps et jouirez d'une assez bonne santé.

Miss Ryder recula, avec un visage nettement sobre, et, en réponse au désir de la diseuse de bonne aventure, Mark Jervis fut poussé en avant. Il lui tendit la main à contrecœur et, à cause de la haine habituelle de l'Anglais pour le tapage, il l'aurait complètement retenu. Miss Paske n'aimait pas M. Jervis avec ses manières froides et ambiguës : il n'était qu'un simple parasite, ne valait guère la poudre et le fusil, mais il était un ami d'Honor Gordon, et elle le rendrait ridicule à son profit !

"Oh, quelle main !" s'exclama-t-elle avec un rire méprisant. « Un titre assez juste, une grande capacité à tenir sa langue, surtout sur tout sujet vous concernant. Vous ne jugez pas nécessaire de dire *toute la* vérité en toutes occasions. C'était un coup d'envoi palpable, car face à la moitié de Shirani, Mark Jervis rougit visiblement. « Secret, lucide, avec une grande maîtrise de soi. Oui; vous feriez un bon conspirateur, et *je pense que* vous êtes un peu imposteur. Encore une fois, la couleur s'accentua sur la joue bronzée du sujet. « Ligne de cœur *nulle* . Un destin très brisé, je vois – la marque d'une sorte d'emprisonnement ; une vie solitaire et séparée, » et en rapprochant la paume de ses yeux, « un changement de fortune grand et inattendu vous attend, qui entraîne des ennuis. Et il y a la marque – d'une mort violente, ou vous serez la cause de la mort d'autrui – les lignes (il baissa la main avec un geste désespéré) sont vraiment trop faibles pour lire quoi que ce soit de plus avec succès.

"Merci énormément; c'est très gentil à vous de me laisser tomber si facilement. Je sais que vous voyez un licol dans ma main, mais vous avez souhaité épargner mes sentiments.

Lalla le regardait avec indignation : il riait. Comment a-t-il osé se moquer d'elle ?

"Maintenant, Sir Gloster, c'est votre tour" - lui faisant gracieusement signe.

Sir Gloster tendit une très grande main douce et blanche et dit : « Ceci est pire que le tabouret du repentir. Si vous découvrez quelque chose de très grave, je vous implore de me le murmurer à l'oreille, ma chère Miss Paske.

"Maintenant, c'est vraiment *une* main !" s'exclama-t-elle en regardant autour d'elle, comme si elle était surprise de constater que ce n'était pas un pied ! "Vous avez un magnifique titre."

Sir Gloster rougit consciemment et jeta un coup d'œil subrepticement à Honor, comme pour dire : « J'espère que vous avez entendu *cela* !

« Un intellect assez imposant – vous pouvez faire presque tout ce que vous voulez – et vous êtes susceptible d'atteindre vos objectifs. Une forte volonté ; une magnifique ligne du destin – oui, oui, oui, *toutes* les bonnes choses ! Vous épouserez une belle femme ; vous la rencontrerez en Inde – en fait, vous l' *avez* déjà rencontrée. Vous avez eu des maladies avant l'âge de dix ans… »

« C'est sûr », se moqua Mme Brande à l'arrière-plan ; "La poussée dentaire et la rougeole, *j'aurais* pu le dire!"

— Vous avez vraiment une main magnifique, poursuivit Lalla. "J'aimerais en faire un casting."

« Elle aimerait l'avoir complètement », grogna le colonel Sladen à ses voisins immédiats.

« Maintenant, capitaine Waring, pour vous ? s'écria l'oracle d'un ton invitant.

Le capitaine Waring, souriant, prospère, parfaitement prêt à s'amuser, s'avança avec empressement.

« Un beau et large palmier ! Une magnifique ligne du destin ; les grandes richesses sont fortement marquées, plutôt sensibles à notre sexe ; un merveilleux pouvoir d'attirer les gens vers vous ; tu ne te marieras pas avant quelques années. Alors qu'il se tenait à l'écart, Lalla dit : « Enfin, mais non des moindres, Miss Gordon. Oh, venez, Miss Gordon » – faisant signe d'un doigt impérieux.

"Merci, je préférerais ne pas en avoir fini", répondit-elle avec raideur.

"Quoi?" » demanda le jeune Jervis à voix basse. « *Ne pas* se faire massacrer pour faire des vacances en gare ?

"Oh, c'est absurde !" insista Lalla un peu criarde. "Votre tante a été 'finie', comme vous l'appelez, et j'ai hâte de voir à quel type appartient votre main - elle est sûrement artistique."

"Il y a un joli petit appât pour toi", murmura Jervis. "Vous ne pouvez sûrement pas refuser *cela* ."

« Oh, Miss Gordon, nous voulons tous connaître votre fortune », crièrent plusieurs voix ; et, malgré sa réticence, Honor se retrouva bientôt entre les griffes de Miss Paske.

« Hum ! Artistique, oui. Une main sombre ; un *peu* trompeur; pas beaucoup de cœur ; *Très* ambitieux. Je vois une maladie, comme la variole, ou un grave accident, qui vous attend ; tu te marieras vers quarante ans. Laissez-moi regarder à nouveau. Non, vous et votre mari ne serez *pas* d'accord. Vous vivrez longtemps et mourrez subitement.

« Comme j'aimerais que quelqu'un puisse prédire l'avenir de Miss Paske ! » s'écria le capitaine Waring avec une animation inhabituelle. "Dois-je essayer?" le saisissant soudain. « Grande vivacité ; volonté despotique; amour d'admiration; ligne de cœur *nulle* ; et la ceinture de Vénus… oh… oh… »

« Oh, c'est absurde ! » – en l'arrachant avec impatience. "Voici M. Joy, qui connaît quelque chose de *bien* plus intéressant : un moyen nouveau et beaucoup plus court de rentrer chez lui."

Il s'agissait apparemment d'un élément de renseignement important. Oui, il y avait un empressement décidé à se mettre en route. La faim est une faiblesse vulgaire, mais très humaine, et bientôt tout le monde partit à la suite de Toby et de Miss Paske écervelés ; et seuls quelques bouts de papier journal et des bouts de cigare marquèrent la conclusion de ce qui est encore connu aujourd'hui à Shirani sous le nom de « grand pique-nique de la famine ».

CHAPITRE XXII.
LE RACCOURCI DE TOBY JOY.

Honor Gordon et Sir Gloster ont envoyé leurs poneys en avant – car le chemin était entièrement en descente – et ont choisi de marcher. A vrai dire, le monsieur était un cavalier nerveux et préférait de loin l'exercice piéton. C'était un fait inquiétant que, alors que Sir Gloster avait accompagné de près Miss Gordon et son escorte sur le chemin du pique-nique - à tel point, en fait, qu'il était presque toujours à portée de voix - il se débarrassait maintenant brusquement de tous les membres du groupe qui manifestaient une envie de s'attacher à lui et à son compagnon.

« Miss Paske était très amusante en tant que voyante de bonne aventure et tout ce genre de choses », remarqua-t-il, « mais n'étiez-vous pas plutôt inquiet quant à votre avenir ?

« Pas du tout » : donner un coup de pied méprisant dans un petit cône en descente ; "elle l'a inventé au fur et à mesure."

« Elle était terriblement déprimée envers le jeune Jervis. Quelle carrière elle lui a peinte, pauvre mendiant !

« Le souhait était sans aucun doute le père de la pensée. Elle ne l'aime pas.

« Et l'idée qu'elle dise que tu ne te marierais pas avant quarante ans ! Comme si tu ne pouvais pas te marier demain, si tu le voulais !

Honor commença à se sentir mal à l'aise et à désirer la présence d'une tierce personne : elle fit un vif geste de dissidence alors qu'elle se préparait à emprunter un sentier extrêmement raide et gras.

« Vous savez que vous le pouvez », poursuivit Sir Gloster en lui saisissant la main, pour lui apporter son aide et la précipiter presque sur la terre mère. "Par exemple, tu pourrais m'épouser . "

Miss Paske venait de lui assurer qu'il réussirait dans ses objectifs, et il était résolu à tester sa prophétie sans délai.

« Oh, monsieur Gloster ! s'exclama la jeune dame en essayant vainement de dégager ses doigts.

« Tu me laisseras garder cette chère petite main pour toujours ? Je suis tombé amoureux de toi presque dès le début. Vous êtes belle et musicale, et vous comprendrez tout de suite l'opportunité des choses. Ma mère t'aimerait. Pensez-vous que vous pourriez prendre soin de moi, et tout ce genre de choses ?

"Oh, Sir Gloster", répéta-t-elle en s'arrêtant sur le chemin, un rouge soudain envahissant ses joues et en le regardant avec une réelle consternation, "Je vous aime bien, mais pas de cette façon."

« Peut-être ai-je été trop soudain. Si je devais attendre une semaine ou deux. Laisse-moi parler à ta tante ?

« Non, non, s'il vous plaît » – avec une répudiation anxieuse. « Cela ne ferait aucune différence. Je suis désolé, mais je n'ai jamais pu prendre soin de toi comme tu le souhaites.

Mme Sladen et Mark Jervis, qui étaient derrière, descendant le même chemin en zigzag, se trouvaient juste au-dessus des deux. Les sons montent, et ils étaient en ce moment silencieux, quand soudain, à travers les feuilles et l'air frais du soir, une voix parut flotter à leurs pieds, qui disait :

« *J'ai été trop soudain. Si je devais attendre une semaine ou deux. Laisse-moi parler à ta tante.* »

Mme Sladen et son compagnon se regardèrent droit dans les yeux et devinrent cramoisis d'un air coupable. Il y eut une pause d'un moment, avant que l'homme ne s'écrie :

« Cela ne sert à rien de faire semblant d'être *sourd* ! Nous venons d'entendre ce qui n'a jamais été destiné à d'autres oreilles, et j'en suis terriblement désolé.

«Moi aussi», répondit-elle; "désolé d'une manière, heureux d'une autre."

"Je doute que Mme Brande partage votre joie", rétorqua-t-il avec un sourire significatif.

"Bien sûr, nous garderons cela secret."

«Bien sûr» – avec insistance. "Dans l'ensemble", avec un petit rire, "je ne suis pas sûr qu'il ne soit pas plus sûr d' *écrire* ".

"Est-ce que c'est ce que tu vas faire?" » elle a demandé d'un ton ludique.

« Je ne sais pas, mais j'ai certainement eu une leçon pour *ne pas* tenter mon sort en rentrant d'un pique-nique bondé. Quelle promenade lugubre ces deux-là vont faire ! Pouvez-vous imaginer un *tête-à-tête plus désagréable* ? De quoi *peuvent* -ils parler maintenant ?

« Leur promenade, et celle de chacun, semble terminée ici », remarqua Mme Sladen, désignant une foule de coolies, de dandys, d'hommes, de dames et de poneys qui étaient tous entassés et faisaient grand bruit.

"Bien sûr, c'est un raccourci de Toby Joy, et très probablement une farce", s'est exclamé Jervis. "Je crois qu'il était aussi à l'origine du déjeuner perdu."

Le raccourci tant vanté était susceptible de s'avérer le proverbial « chemin le plus long » et offrait désormais une surprise très désagréable à la compagnie de joyeux amateurs de plaisir. Ils avaient descendu, avec la joyeuse confiance de l'ignorance, le flanc d'une colline densément boisée, jusqu'à l'endroit où, à un moment donné, une route artificiellement taillée et pavée traversait une gorge profonde.

Le chemin, à cause de l'action de la pluie, avait glissé, et il n'y avait plus qu'un pied précaire traversant la brèche, à peine assez large pour un seul poney — et celui-ci était stable. Au-dessus, se dressait la colline, presque abrupte ; en contrebas, s'étend le précipice de schiste bleu, recouvert de sapins, de buissons et de ronces. Pour un coolie des collines ou pour une personne dotée d'une bonne tête, c'était praticable ; au moins vingt étaient passés, y compris Mme Brande dans son dandy, qui agitait la main avec désinvolture pendant qu'on la transportait. C'était une femme courageuse, en ce qui concerne les précipices.

Certains, nerveux, hésitaient au bord du gouffre : ils étaient déchirés entre deux émotions contradictoires, la faim et la peur ; beaucoup commençaient en fait à revenir sur leurs pas. Toby Joy, avec son « tat » jaune à la bouche dure, chevauchait d'avant en arrière au-dessus du gouffre pour démontrer à quel point c'était facile, et se vantait, plaisantait et se faisait si visible que certaines de ses victimes malavisées, y compris le colonel Sladen, ne voulaient pas. J'aurais été du tout désolé s'il avait disparu dans le Khud.

La faim du colonel Sladen stimulait son humeur. L'ours traditionnel avec un mal de tête était un animal joueur et doux, comparé à lui, à l'heure actuelle. Il avait été un cavalier réputé à son époque, mais étant désormais beaucoup trop lourd à monter, il aimait se vanter de ses poneys et pousser ce poids léger, sa malheureuse épouse, dans des positions qui lui faisaient couler le sang. se vanterait et dirait : « Pooh ! le poney est un agneau ! Ma femme le chevauche, le chevauche avec un fil, monsieur ; » et il chevauchait ses jambes, se pavanait autour du club, puis vendait l'animal à un prix élevé.

« Un endroit désagréable à traverser ! Pas du tout, c'est plus sûr que de le faire à pied. Ces poneys des collines ne font jamais d'erreurs. C'est ce qu'il avait fait remarquer de son ton le plus bourru au capitaine Waring, dont la belle compagne tremblait littéralement au bord du gouffre. « Attendez — et regardez comment ma femme va le faire, sur le Budmash — elle vous montrera tout le chemin. Milly, hurla-t-il en regardant vers le haut de la colline, viens, viens.

"Oh," s'exclama-t-elle, tournant un visage aussi blanc que la mort vers Mark, "je n'ose vraiment pas traverser cet endroit à cheval. Je n'ai plus de courage maintenant, et voici le poney timide.

"Allez! Ne vois-tu pas que tu t'arrêtes sur la route ? » rugit son seigneur et maître, désignant les différentes personnes qui revenaient furtivement. Puis, tandis qu'elle le rejoignait, il ajouta d'un ton plus bas :

"Je ne serais pas si lâche pour sauver ma vie."

« Je suis une lâche, murmura-t-elle à Mark avec un sourire épouvantable, et je doute que même cela me sauve la vie ; » et elle commença à mettre son poney en mouvement.

« Il n'a qu'une cinquantaine de mètres de large », dit Jervis d'un ton encourageant ; « Ce sera fini dans deux minutes. Je vais descendre et conduire votre poney, et je vous garantis de vous prendre en charge en toute sécurité.

"Y allez-vous?" s'écria le colonel Sladen avec impatience. « Entendez-vous et donnez l'exemple aux autres femmes. Oh!" à son escorte, qui était descendue de cheval : « tu y vas aussi ? Tout à fait inutile.

Il y eut une soudaine cessation des discussions, des disputes, des grognements, des plaisanteries et des rires. Un curieux silence tomba des deux côtés du mauvais morceau. Les gens regardaient avec des visages impressionnés, graves ou excités, comme s'ils étaient témoins d'un drame sensationnel, tandis qu'ils regardaient avec un intérêt haletant une petite femme notoirement timide, sur un poney notoirement de mauvaise humeur, risquant sa vie pour obéir aux ordres de son mari. . Elle pourrait traverser en toute sécurité, mais peut-être pas. Les chances étaient à peu près égales.

"Viens", dit joyeusement Jervis en prenant le Budmash par la tête, d'un air qui montra à ce monsieur aux yeux roses et aux cheveux roux qu'il ne supporterait aucune bêtise.

« Fermez les yeux, continua le jeune homme, et imaginez que vous êtes sur une route à péage ; vous serez de l'autre côté avant de penser vraiment que vous avez commencé. Nous sommes désormais à mi-chemin.

Oui, la moitié du voyage avait été accomplie de manière satisfaisante. Le Budmash menait comme un agneau ; la tension de l'attente s'était relâchée. Les spectateurs commençaient à respirer librement, et même à se détourner, quand tout à coup il y eut un bruit de galop, un cri sauvage, un fracas, un bruit de schiste, et Mme Sladen, le poney et Jervis avaient disparu dans le couloir. Khud ! Il y avait eu une vision momentanée de deux personnes en difficulté, quatre chaussures cirées qui donnaient des coups de pied fous, et ils avaient disparu dans un gouffre d'arbres et étaient complètement perdus de vue.

Et qu'est-ce qui a causé l'accident ?

Eh bien, Toby Joy, bien sûr. Toby, qui s'était livré à un accès de folie, et qui allait et venait, balançant ses pieds hors des étriers et donnant des salutations, avait pris trop de libertés avec un animal qui souffrait depuis longtemps et qui était extrêmement désireux d'obtenir à la maison, qui se trouvait du mauvais côté de la route pour la dixième fois, et qui, lorsqu'il a enfin « reçu une avance » d'un autre poney, n'a tout simplement pas pu être refusé. Son maître téméraire lui avait laissé les rênes sur le cou, étant, comme tout le monde, un spectateur impatient du martyre de Mme Sladen. Cupidon s'était soudainement précipité en avant, avait dévalé la pente, avait violemment lancé un canon contre le Budmash et l'avait projeté, lui et ses compagnons, dans l'espace.

Pendant un instant, il y eut un silence absolu, qui fut rompu par le colonel Sladen, qui hurla :

"Mon poney est tué !"

"Et votre femme!" s'écria Honor, qui se tenait à côté de lui. « Votre femme n'est-elle rien ? répéta-t-elle avec une énergie passionnée.

En une seconde, un essaim de coolies, de syces et de leurs maîtres, menés (pour lui rendre justice) par Toby Joy, escaladaient la jungle. Bien que très raide, ce n'était pas une simple descente, et bientôt un cri de « Très bien » retentit.

Les buissons, les ronces et les longues lianes tordues avaient amorti la chute et les avaient sauvés.

La première à être élevée fut Mme Sladen, sans son chapeau, assistée de deux messieurs, et paraissant extrêmement blanche et petite. Vint ensuite Jervis, avec une trace de sang sur le visage et un manteau déchiré. Enfin, le poney émergea, se débattant, se bousculant, poussé et traîné par une vingtaine de systèmes énergiques.

« Vous n'êtes pas gravement blessé, j'espère ? » » dit Honor, qui s'était dépêchée de traverser le sentier défoncé et qui fut la première à saluer son amie tandis qu'on l'aidait à monter jusqu'à la banque.

« Pas elle », répondit brusquement le colonel Sladen ; « Elle n'a eu que le souffle coupé ! Donnez-lui du whisky et tout ira bien.

Tandis que sa femme s'asseyait sur une pierre plate et, après avoir courageusement tenté de rassurer tout le monde, éclatait soudain en sanglots hystériques, il ajouta :

« Comment *peux* -tu te comporter de cette façon qui pleure, Milly ? Vous n'êtes pas du tout blessé – tout était de votre faute » (chaque malheur ou erreur était invariablement « de sa propre faute »). « Si tu n'étais pas resté hésitant, mais si tu avais commencé quand je te l'ai dit... »

"Oh, tais-toi, tu veux?" interrompit Jervis d'un ton furieux.

Le visage du colonel Sladen devint presque noir ; mais avant qu'il ait pu reprendre son souffle, le capitaine Waring fit irruption dans le groupe...

« Bonjour, Mark, mon vieux, tu as l'air plutôt bon marché : des os sont cassés ? »

« Je ne suis pas bien pire. Nous avons eu une merveilleuse évasion ; les ronces nous ont sauvés, ainsi que la racine d'un grand arbre. Mon poignet... » devenant plutôt blanc.

« Votre poignet ! » répéta un médecin. « Laissez-nous y jeter un coup d'œil. Ah ! et je vois que tu t'es coupé la tête. Oh, ho ! le poignet est fracturé ; une simple fracture, ce ne sera pas grand-chose. Je vais le régler maintenant ; » ce qu'il entreprit de faire sur place, opération supervisée par des spectateurs avec le plus profond intérêt.

Le colonel Sladen observait avec un regard jaloux pour voir si le patient allait tressaillir ; mais non, hélas ! il était voué à la déception. A vrai dire, pour lui, cela ne le dérangerait pas que l'insolent jeune chien lui brise le cou.

Mme Brande, qui était toujours à l'avant-garde en cas d'accident ou de maladie, avait depuis longtemps abandonné son dandy, suggérait le flacon de l'un, le flacon odorant de l'autre, et était pleine d'une sollicitude des plus inquiètes.

"Tout ira bien", dit Jervis, regardant autour du cercle impatient. «Eh bien, avant de me marier deux fois, comme disent les vieilles nourrices, Miss Paske (apercevant soudain ses petits yeux ouistitis brillants et interrogateurs), cela aurait été très amical de votre part de nous préparer à *cela* !»

"C'est très bien pour vous d'en rire", a protesté Mme Brande. "Tu entres dans mon dandy à l'instant. Je peux marcher; en effet, cela me fera du bien ; et tu rentreras directement avec moi, et je te soignerai.

Mais Jervis a déclaré qu'aucun soin n'était nécessaire et qu'il ne voulait pas entendre parler de cet arrangement. Une fois son poignet fixé et attaché avec des attelles de bois et divers mouchoirs, il monta sur son poney et partit en courant aussi vite que les meilleurs.

La scène récente n'avait pas duré plus de vingt-cinq minutes, et bientôt tout le monde était *en route* , tout le monde sauf Sir Gloster, qui avait mystérieusement disparu de la foule et avait été l'un des premiers à se retirer et à rentrer chez lui en toute hâte. La sage Mme Langrishe, qui n'avait pas pris le raccourci, l'avait vu trotter tranquillement devant elle, seul, l'air extraordinairement solennel et morose, et en avait tiré ses propres conclusions. Quelle oie cette fille avait été ! Il pourrait encore être rattrapé par le rebond : des choses étranges s'étaient produites. Oh, si Lalla se tenait bien !

Deux jours après le grand pique-nique, Mme Brande entra dans son salon, où Mark Jervis, le bras en écharpe, prenait le thé avec sa nièce et Mme Sladen. Elle avait l'air assez rouge et bouleversée lorsqu'elle dit :

« Qu'en *penses* -tu, Honor ? Voici la carte de visite de Sir Gloster – PPC, envoyée par un domestique. J'ai entendu dire qu'il est parti pour de bon. Ne pensez-vous pas qu'il aurait pu avoir les bonnes manières de venir après tous les bons dîners qu'il a pris ici ? et elle semblait au bord des larmes.

"Mais il appelait très souvent tante", répondit Honor, sans lever les yeux de Ben.

« Eh bien, il n'est jamais venu me dire au revoir, et je l'ai rencontré hier chez Manockjee, achetant du beurre en conserve et dans des magasins européens. Il semblait vouloir se cacher. Je pensais que c'était parce qu'il avait honte que je le voie marchander le beurre et le fromage. Alors je me suis contenté de le poursuivre, pour le mettre à l'aise, mais d'une manière ou d'une autre, il m'a manqué. Je pense qu'il s'est enfui par la véranda, où ils gardent les vieux meubles.

"Il est allé dans les Neiges, sans aucun doute", remarqua Mme Sladen, échangeant un rapide regard avec son complice.

"A-t-il? Il y a quelque chose de très étrange et de soudain dans tout cela. Je n'arrive pas à le comprendre.

Elle n'était pas aussi intelligente que Mme Langrishe, qui s'en était rendu compte d'un seul coup d'œil et avait tenu sa langue. En fait, Mme Brande était presque la seule personne à Shirani à ne pas savoir que Sir Gloster Sandilands avait proposé sa nièce le jour du grand pique-nique de la famine – et avait été refusée.

CHAPITRE XXIII.
L'ALTERNATIVE DU CAPITAINE WARING.

Mark Jervis avait résisté à toutes les invitations de Mme Brande de « le ramener à la maison et de le soigner ». Il se sentirait bien mieux, dit-elle, dans sa chambre d'amis confortable, avec les meilleurs œufs frais et le lait nouveau, que dans cette salle enfumée de Haddon, à la merci de son porteur, avec ses repas irréguliers et sans confort. Elle était habituée à soigner les jeunes hommes. Combien de jeunes civils, amenés au bord de la tombe par le nouveau fléau de l'Inde, la typhoïde, avaient dû leur vie à Sara Brande - des jeunes hommes du district de son mari qui, tout juste sortis de chez eux, avaient méprisé des précautions telles que l'achat d'un filtre et une vache ! Quelles histoires, si elle l'avait voulu, Mme Brande aurait-elle pu raconter sur ces mêmes invalides téméraires ! Comment, à leur première étape faible, mais convalescente et vorace, ils avaient été si heureux, si étonnés de se retrouver encore au pays des vivants, qu'ils avaient bavardé librement avec leur aimable et sympathique nourrice, oubliant combien de fois ils avaient ri. chez « la vieille Sally Brande ». Elle leur semblait désormais un ange, plus qu'une mère. Allongés sur des canapés et des chaises longues, dans des vêtements beaucoup trop grands, au crépuscule ou surtout au clair de lune, ils les surprenaient souvent à murmurer des expériences et des confidences à l'oreille attentive de leur nourrice : « des filles à la maison », des dettes, des égratignures, des bonnes résolutions, des « de nouvelles feuilles » qui étaient sur le point d'être retournées ; — toutes ces choses n'étaient-elles pas écrites dans les chroniques de la mémoire de Mme Brande ? Ensuite, revenus à la vie et à la vigueur, avec un appétit aiguisé pour les jouissances de la vie, ces malades s'émerveillaient d'eux-mêmes, de leurs pauvres langues qui remuaient, de leurs indiscrétions ! Ils avaient *chaud* en pensant aux secrets enfouis dans le sein de Mme Brande ; mais ils furent toujours polis avec elle, ne souffrirent jamais un mot en sa défaveur, et beaucoup d'entre eux l'aimèrent. Les cartes, les lettres et les souvenirs qu'elle recevait à Noël étaient étonnants par leur variété et par la différence des cachets postaux ; de Tongoo à Suakim, de Kohat à Galle, ces témoignages d'affectueux souvenirs affluaient de ce que Mme Brande avait l'habitude d'appeler « ses garçons ». Elle (*très* bas, soit-il murmuré) aimait les jeunes hommes ! Elle appréciait particulièrement Mark Jervis et l'aurait volontiers enrôlé dans sa brigade ; car ses garçons n'étaient pas simplement des civils indiens : elle avait ses recrues dans la police, le département de l'opium, l'armée et la justice.

Ce jeune Anglais sans amis résistait aux notes (ou bons d'achat), aux messages, voire aux visites, et refusait systématiquement de « venir se faire soigner ».

Son cousin était plus à l'aise ces derniers temps ; il faisait ses valises et se préparait à déménager.

"Je dis, Mark," dit-il, "ton poignet ira mieux dans une dizaine de jours, dit Kane. Je vous conseille d'y réfléchir davantage et de suivre Simla. C'est un endroit déchirant – très différent de Shirani, mort et vivant – je dois y aller demain, vous savez. J'ai promis d'escorter Mme Atherton et Miss Potter ; les routes entre ceci et la gare sont défoncées, et ils sont dans une frayeur mortelle. Nous ferons tout le voyage ensemble, et je n'ai plus qu'à demander et à avoir.

"C'est satisfaisant, mais en ce qui me concerne, je suis un incontournable ici", répondit Mark, "et vous savez pourquoi. J'ai de nouveau écrit d'urgence à mon père et je lui ai dit que le temps passait vite, que je rentrais en octobre, mais que j'attendrais ici jusque-là.

« Alors vous pouvez ! Je connais le style de ton père, Mark. C'est un homme qui a vécu ici si longtemps qu'il s'est fossilisé : rien en dehors de l'Inde ne l'attire, pas même son fils. Il y en a des dizaines comme lui ; la vie facile a pénétré jusqu'à leurs os. Il a ses serviteurs bien dressés, sa nourriture et ses boissons excellentes, ses cheroots ou son huka, son *pionnier* , son long fauteuil, son animal de compagnie ; il n'a plus envie qu'un jeune homme intelligent, avec toutes sortes d'idées avancées *de fin de siècle* , vienne le mettre en déroute.

"C'est un croquis sophistiqué, Clarence."

« Eh bien, accorde-le ! Je vais vous faire un vrai portrait d'après nature, et je pourrais vous en dessiner une demi-douzaine.

« Nous en aurons un pour commencer… ne tardez pas trop, car j'ai promis de rencontrer Scrope à quatre heures précises ; et je vois Dum Sing attendre avec le poney gris.

«Il était une fois un vieux colonel (à la retraite) qui vivait dans les Nielgherries», commença Waring. « Toute sa famille était à l'étranger, ses fils au service, ses filles mariées, et il s'est retrouvé bloqué. Il avait son jardin, ses poneys, quelques vieux copains et d'anciens serviteurs, et même si tous ses parents étaient à l'autre bout du monde, il ne bougeait pas. Pas moins de trois fois il prit le chemin du retour ; deux fois il descendit à Madras, sac et bagages, accompagné de ses domestiques. Une fois, il était à bord du navire et dans sa cabine, mais quand ils ont dit : « N'importe qui pour le rivage », il a rassemblé son matériel et est reparti dans un bateau Massulah. Il est toujours là. Je me souviens d'un autre exemple, celui d'un vieux général, un vieux abandonné, accroché, comme à un espar, à la dernière station qu'il commandait. Je l'ai vu, et c'était dans la plaine, remarquez, faire sa promenade du soir dans sa vieille voiture, avec une paire de chevaux antédiluviens, tout seul aussi. Il avait une longue et vénérable barbe blanche, avait quatre-vingt-six ans et aimait dire : « Il y a trente ans, lorsque je commandais cette station ! Les autorités et les gens en général lui ont fait plaisir : les gens ne sont pas tellement bousculés ici et ont le temps de satisfaire les fantaisies des vieux. Il venait à toutes les journées sur le terrain et s'arrêtait derrière le poste de salut dans sa vieille calèche. Il pensait que l'armée allait à vau-l'eau, je vous le dis, et les casques blancs, les vêtements blancs et les cannes, autant d'innovations scandaleuses. Il avait de nombreuses relations en Angleterre, n'écrivit jamais à aucune d'elles et laissa tout son argent au petit-fils de son premier amour et à la Friend in Need Society ! Votre père n'est qu'une autre de ces personnes, comme vous le verrez.

"Le temps nous le dira; et, en parlant de temps, Clarence, je pense qu'il est temps que nous mettions fin à notre petite farce.

Clarence, qui était assis en face de son compagnon et appuyait ses bras sur une table à écrire branlante, leva la tête et le regarda d'un air plutôt vide.

« Mon vieux, tu dois sûrement voir que cela est allé assez loin – en fait, juste un peu *trop* loin. Lorsque Miss Paske a tiré un coup de feu sauvage dans l'obscurité et a déclaré que je ne jugeais pas toujours nécessaire de dire toute la vérité sur moi-même, je me suis senti carrément coupable ; quand elle a dit que j'étais un peu imposteur, je sais que j'ai rougi comme une pivoine ! La tromperie, petite au début, est devenue une grande affaire. Je m'appelle « le parent pauvre », et toutes les mères se méfient de moi !

« Et n'est-ce pas précisément ce que vous visiez particulièrement ? » » demanda Clarence brusquement. « Je pense que l'ensemble du projet a fonctionné de manière capitale. Je suis sûr que j'ai bien joué *mon* rôle, et vous aussi » – avec un rire bruyant d'une hilarité contre nature.

« Oui, mais j'ai l'impression de mentir, même si je n'en ai jamais prononcé un avec autant de mots. Je n'ai jamais dit que j'étais pauvre... »

« Tout comme je paie les factures, interrompit son compagnon, et que j'ai l'air prospère, mais je n'ai jamais *dit que* j'étais riche. (Néanmoins, il agissait et parlait précisément comme un homme pour qui l'argent n'était pas un problème. Ce n'était pas non plus le cas, n'étant pas le sien, mais celui de M. Pollitt.)

"Quand j'ai commencé à jouer au polo, les hommes étaient poliment étonnés", a poursuivi Jervis ; « Quand j'ai donné cinquante roupies pour le nouvel harmonium, les gens ont semblé étonnés ; le péon avec les livres paroissiaux, qui rassemble nos offrandes du dimanche, regarde mon bon de quatre roupies d'un air dubitatif ; alors qu'il me le tend, je sais qu'il s'interroge sur mon extravagance et si j'en ai les moyens ? Nous allons organiser un bal des célibataires pour contrebalancer le pique-nique des dames mariées.

— J'espère que le souper aura lieu à moins de dix milles de la salle de bal, interrompit vivement Waring.

« Et Hawks, le secrétaire, un très bon type, m'a dit en toute confidentialité : 'Vous n'êtes pas un riche Johnnie. Je vais vous laisser tomber doucement ; Je prendrai quinze roupies.

"Oui; et que pensez-vous de ce jeune brute Skeggs, qui va régulièrement à tout depuis son arrivée : petits déjeuners, thés, tiffins, dîners, bals – un type laid et pudding ?

"Oui, terriblement handicapé par ses mains et ses pieds."

« On lui a demandé de se joindre à nous et de faire quelque retour pour la grande hospitalité qui avait été réservée aux célibataires. Il a dit non, immédiatement, il n'en aurait rien à faire ; et pourquoi, pensez-vous ? s'arrêtant dramatiquement. "Parce que, à son avis, un jeune homme était en soi une récompense suffisante pour toute quantité de civilités."

« Méchante bête ! Il déjeunait chez les Brande hier. Mais revenons à notre sujet » – se sentant conscient que son intelligent compagnon s'en éloignait. « Vous partez demain, et avant de partir, je pense vraiment que nous devrions profiter de l'occasion pour que chacun apparaisse dans son vrai et réel caractère. Êtes-vous disposé, comme Barkis, à le faire ?

Clarence est devenu rouge foncé et avait l'air ennuyé.

"Non, je ne le veux pas", dit-il avec effort. « Il ne nous reste que quelques mois pour jouer notre rôle, et je vote pour que nous les terminions. J'ai adopté le *rôle* de porteur de bourse et de chef pour satisfaire un de vos caprices, comme vous le savez, et j'ai l'intention de m'y tenir jusqu'à ce que nous soyons dans le port de Bombay.

«Eh bien, je suis vraiment désolé maintenant d'avoir été un idiot si sensible et vaniteux, au point de me lancer dans une véritable funk, simplement parce que quelques globe-trotters de troisième ordre se sont jetés sur mes sacs d'argent. Pourquoi diable ne m'avez-vous pas dit qu'ils n'étaient pas un véritable spécimen de la société indienne ? Il y a ici des tas d'hommes riches — nous les avons rencontrés — héritiers de titres, ou gens vraiment distingués, et personne ne s'en soucie. J'étais trop vaniteux et trop idiot.

« Il est trop tard pour y penser maintenant ! » – avec un mépris facile.

« Non, mieux vaut tard que jamais ! J'ai l'intention de dire aux Brandes et à Mme Sladen, ainsi qu'à Clifford, Scrope, Villiers et à un ou deux autres camarades, que je ne suis pas ce que je semble être.

"Vous devez d'abord compter avec *moi* !" s'écria Clarence d'une voix rauque. « Vos confidences, qui consistent à étaler la vérité d'un bout à l'autre de Shirani, me joueront le diable ! »

"Pourquoi? Que veux-tu dire?" » demanda Jervis avec un air de surprise froide.

"Ne vois-tu pas? Je suis retombé dans mon ancien décor et mes vieilles tentations ; Je ne peux pas résister à un petit pari. Le nom de « millionnaire », donné pour rire, m'a valu du crédit. Je dois de l'argent partout : loyer, club, factures, Manockjee ; trois mille roupies ne me justifieraient pas, et s'il s'avère, par exemple, demain, que je suis leur cher client d'autrefois, sans un sou pour me bénir, ils seront tous sur moi comme une meute de chiens. Donnez-moi du temps, et je vendrai les poneys de Simla, j'en choisirai une race ou deux et j'épouserai (en riant) l'héritière. (Jamais, pour citer Lord Lytton, il n'y a eu un homme qui était un joueur habituel, autrement que notablement inexact dans ses calculs de probabilités dans les affaires ordinaires de la vie. Est-ce qu'un tel homme est devenu un ivrogne chronique d'espoir, qu'il voit doublement toutes les chances en sa faveur ?) « On me doit moi-même de l'argent, mais je ne dois pas presser mon débiteur. Cependant, je suis sûr de l'obtenir un jour, et c'est une jolie somme. J'ai un livre de premier ordre sur Goodwood ; Je *ne peux pas* perdre et je dois gagner. Tout ce que je veux, c'est du temps, une longue journée, votre honneur » – souriant à son compagnon ; néanmoins, bien qu'il souriait, ses lèvres travaillaient nerveusement aux coins.

"Mais il y a sûrement encore plusieurs milliers de roupies chez l'agent ?" » demanda Mark, plutôt vide de sens.

«Pas une pièce», fut la réponse étonnante. "Non, j'ai été durement touché par le Liverpool et, bien sûr, je n'avais pas le droit de m'approprier les fonds de cette manière. Vous n'avez pas besoin de me *le dire* . Le jeu est une maladie chez moi, et je n'y peux rien ; c'est pire que la boisson – c'est bien plus cher. Il devrait y avoir une retraite pour les joueurs confirmés comme moi, comme pour les dipsomanes. Autant en faire la part belle. J'espérais décrocher un gros pieu et tout mettre en place, mais ce « client queer » brutal s'est recroquevillé et a couru un chien à l'arrivée, et nous a tous mis dans un trou. Je donnerais dix livres pour tenter sa chance ! J'ai eu une sacrée malchance, et je dois dire pour ma propre défense que tout était *de votre* faute, du début à la fin. Vous m'avez mis en tentation, vous m'avez remis les comptes et le chéquier, sans poser de questions ; et, par Jupiter ! » conclut-il d'un air de résignation vertueuse : « Je ne vous ai pas menti. Je suis vidé. »

« Et supposons que vos projets Simla échouent, que vous *ne soyez pas* payé et que votre livre sur Goodwood soit du mauvais côté, que ferez-vous ?

Clarence haussa simplement ses larges épaules.

« Comment allons-nous payer nos factures ici ? demanda gravement l'autre.

"Je ne sais pas."

« Et notre argent de passage ?

« Je ne sais pas », répéta-t-il avec obstination.

« Vous devez sûrement avoir une idée ? » insista Jervis avec une touche d'aspérité.

"Oui, vous pouvez écrire à l'oncle pour des provisions fraîches."

"Non, je ne ferai pas cela", répondit l'héritier de l'oncle, qui perdait rapidement patience.

"Il y a votre propre allocation, la plus libérale."

"Je ne l'ai pas tiré parce que je pensais que le chèque d'oncle Dan couvrait tout."

"Et il semble que tu étais trop optimiste."

« Qu'avez-vous dans votre caisse, Waring ? » demanda-t-il sévèrement. « Veux-tu me dire sérieusement que tu es sans le sou ?

« Non, j'ai mille roupies ; qui paiera les domestiques ici, m'emmènera à Simla et m'y gardera tranquillement, jusqu'à ce que les événements s'arrangent. Je ne peux pas payer ma facture de mess à Shirani – une somme énorme ! Vous voyez, j'ai puni leur champagne et je demandais toujours aux invités.

Un silence de mort, brisé seulement par le tintement du poney impatient de Jervis.

« Eh bien, que proposez-vous de faire pour me sortir de ce chapeau ? Comment allons-nous tous les deux quitter le pays ? » demanda Clarence, dont l'effronterie était d'un caractère rare et particulier.

Jervis resta assis un moment, les mains dans les poches et le front froncé. Enfin il dit :

« Je suppose que, si le pire devait arriver, je devrais retirer six cents livres, même si je pense que c'est une ingénieuse atteinte à la générosité du vieil homme. Cent me garderont ici jusqu'à ce que nous commencions, et les cinq restants paieront la note du mess, le loyer, l'argent du passage, etc. Je dirai la vérité aux Brande la première fois que je les verrai, et ce sera demain matin.

« Alors, par George ! si c'est le cas, s'écria Clarence d'une voix rauque et discordante, vous n'aurez pas besoin de vous soucier de *mon* retour chez moi, aussi sûrement que vous ouvrez les lèvres (tirant furieusement sur le tiroir de la table pendant qu'il parlait) et que vous m'exposez comme quelqu'un d'autre. un misérable imposteur, un compagnon rémunéré et un mendiant, voyez-vous ce revolver ? en produisant soudain un pendant qu'il parlait : « Je jure que je vais me le mettre sur la tête et me faire sauter la cervelle ! Ici!" » continua-t-il en saisissant le petit livre de prières de Marc et en l'embrassant avec véhémence : « Je le jure sur le livre !

Puis il repoussa le livre et l'arme, et, s'accoudant sur la table, contempla son *vis-à-vis* avec un visage gris, tiré, hagard, un visage qui exprimait une telle inquiétude et un tel désespoir qu'il était difficile de croire qu'il » était le visage du beau capitaine Waring, populaire et *débonnaire* .

"Je ne veux pas vous conduire à quoi que ce soit", a déclaré Mark, qui était également mortellement pâle. mais si je garde les lèvres closes et continue à me sentir méchant et à double face, je dois aussi avoir *ma* stipulation. Ce n'est pas dans l'intérêt d'une considération ou d'une popularité supplémentaire que je pourrais gagner que je souhaite parler — vous *le croyez* ? Mais vous savez que je joue délibérément un double rôle et que je navigue sous de fausses couleurs. Tout cela semblait si facile et inoffensif au début, depuis le renvoi du voiturier et des bagages et… »

"Tout ce genre de choses, comme dirait Sir Gloster", interrompit Clarence avec un rire grincheux.

«Mais maintenant, à partir de débuts modestes, il s'est développé et mène d'une tromperie à l'autre. J'ai presque peur d'ouvrir la bouche ; Je n'ose jamais faire allusion à la chasse ou au yachting, ou à tout ce qui ressemble à de l'argent, ni même parler de mon oncle ou de ma maison, de peur qu'on pense que je mens.

"Vous n'avez jamais voulu faire ces *confidences* lorsque vous étiez à Columbo ou à Calcutta", ricana Clarence. « Vous avez suscité l'intérêt de quelqu'un, hein ? Et je vous prie, quelle est votre stipulation ? »

"Afin que je puisse dire toute la vérité à une seule personne."

« Comme un secret mort, mort. Cela ne me dérange pas si vous le faites, à condition que ce ne soit pas une femme.

"Mais c'est une femme", dit rapidement Jervis.

« Ah, je n'ai pas besoin de lui demander son nom : miss Gordon », s'est exclamé Waring avec une accentuation singulièrement grinçante. "Maintenant, il y a une fille que je n'aime pas - avec elle, une manière méchante et snob, et le sourire le plus hautain que j'aie jamais vu."

« Ses manières et ses sourires ne vous intéresseront probablement pas beaucoup, j'imagine ; mais c'est la fille que je souhaite épouser, si je peux la convaincre de m'accepter.

" *Prévaloir!* Et vous doutez de pouvoir l'emporter sans lui parler de la *pièce* ? s'écria Clarence avec dérision.

« Elle est la dernière personne au monde à se soucier de l'argent ; en fait, c'est un désavantage à ses yeux, comme je le sais.

"La jeune femme doit être effectivement un *rara avis* !" observa Clarence avec un rire insolent.

— Mais, poursuivit l'autre, si je lui demande de m'accepter, je voudrais qu'elle sache tout de moi.

« L'orge perlé de Pollitt, et tout ! Vous ne pensez pas que cela irait à contre-courant , vous voyez ? Hein ? Pas mal!"

"J'aimerais que vous puissiez être sérieux pendant cinq instants", s'exclama Jervis avec colère, "et me laisser finir ce que je dis. Je n'ai pas du tout honte de l'orge perlé de Pollitt, et je ne voudrais pas non plus lui confier un secret.

« Peu importe ce dont tu pourrais parler plus tard, hein ? Et oncle Dan, as-tu pensé à lui ? Doit-il être mis au courant des nouvelles de la jeune femme, ou *commencerez -vous* par lui confier un secret ?

"Bien sûr, je le lui dirai immédiatement."

"Oh! très correct en effet ! Eh bien, je suppose que nous avons parlé de tout, et en tout cas, je me suis incité à avoir une soif de première classe ! Vous devez garder cinq cents livres pour vous préparer en cas d'accident, et vous devez continuer à vous taire et à conserver votre *rôle actuel* auprès de tout le monde, sauf avec une certaine jeune dame, c'est à peu près tout ?

"Oui, je suppose que c'est tout", acquiesça Mark en se levant et en prenant sa casquette.

Alors que le capitaine Waring le regardait se précipiter vers son poney qui l'attendait, monter et galoper vers le haut de l'enceinte, il se dit en heurtant délibérément une fusée :

« Eh bien, Clarence Waring, je pense que vous avez largement tiré le meilleur parti de *cette* affaire ! Vous avez le cerveau ; et si vous aviez de l'argent et des opportunités, vous pourriez faire de grandes choses ! » Il prit néanmoins le

revolver et le regarda d'un air sobre avant de le remettre dans le tiroir de la
table.

CHAPITRE XXIV.
« LA DOUCE PRIMROSE ARRIVE ! »

Le capitaine Waring avait descendu la colline, escortant vaillamment Mme Atherton et Miss Potter, et suivi d'un innombrable cortège de serviteurs, de poneys et de bagages.

Il a laissé un blanc derrière lui – également une facture de mess impayée. Ses épaules carrées, son large sourire et sa voix forte manquaient au club, à la véranda et ailleurs.

Il revenait régler ses factures, déclara-t-il, « et il a laissé son cousin en gage », ajouta-t-il en riant de bon cœur.

« Sara », dit son mari en sortant de sa loge en se moussant le visage – il était toujours rasé de près et paraissait avoir vingt-cinq ans de loin – « La guerre est terminée. Ce jeune Jervis est tout seul ; il a un poignet cassé et ne peut ni jouer au polo ni au tennis. Pourquoi diable ne l'avez-vous pas ici ?

"'Arche sur l'homme!" faisant appel à Ben, qui s'accroupit à côté d'elle, l'aidant à se débarrasser de ses toasts beurrés. Mme Brande était assise à une petite table dans sa propre chambre, vêtue d'une magnifique robe de chambre et prenant un chotah hazree. « Ne lui ai-je pas demandé jusqu'à ce que je sois fatigué ? Je lui ai écrit et je suis allé chez lui, et tout cela ne sert à rien.

"Eh bien, je vais voir ce que je peux faire", répondit son seigneur et maître. « C'est-à-dire – je dois admettre que les femmes sont plus fines que nous dans ces domaines – si vous pensez que tout va bien, et qu'il n'y a aucune chance qu'il se ridiculise avec Honor ? Aucune crainte qu'il tombe amoureux, hein ? Et tandis qu'il attendait tranquillement sa réponse, il reprit ses opérations avec le blaireau.

« Amoureux d'Honneur ! Ha! Ha! C'est une bonne idée! S'il est amoureux de quelqu'un, c'est de *moi* . Ne dites donc pas que je ne vous ai pas mis en garde ! Honneur, bénis ton cher vieux cœur simple ! eh bien, ils se voient peu, grâce à vous qui l'emmenez toujours au tennis ou pour causer ; et quand ils sont ensemble, d'après ce que je peux comprendre, ils se battent la plupart du temps !

« Il n'y a rien de tel que de commencer par un peu d'aversion, comme disent les gens », a fait remarquer M. Brande.

"Dérivation! Il n'y aura pas grand-chose pour lui ici, le pauvre garçon, avec son bras boiteux. Vous souvenez-vous, il y a très, très longtemps, d'un major Jervis de la cavalerie du Bengale — un homme d'apparence splendide, surtout en grande tenue et son turban ; un veuf, il s'est remarié ? Ce garçon lui ressemble beaucoup. Je me demande s'il a un lien de parenté.

« Simplement son père… je lui ai demandé la première fois que je l'ai vu ! Jervis était A1 aux raquettes. Je l'ai plutôt bien connu. Il s'est marié une seconde fois avec une femme qui possédait des tonnes d'argent en indigo et des biens immobiliers. Petite-fille d'une Bégum, elle avait des yeux comme des charbons ardents et lui menait une vie qui lui correspondait.

– Et qu'est-il devenu ?

« Le garçon est plutôt réservé, comme vous le savez, donc je n'ai pas aimé lui demander, mais comme *je* n'ai pas entendu parler de lui depuis de nombreuses années, j'en conclus qu'il est mort ; en fait, j'en suis presque certain.

« Et les lacs de la Begum n'ont pas fait grand-chose pour le fils ? J'espère que vous le ferez venir ici ; n'acceptez *aucun* refus – cela doit être un travail misérable de se morfondre seul. Tout de même, je serai vexé contre lui s'il vient *vous chercher* , après *m'avoir dit non* .

« Sara, tu es une femme vraiment cohérente ! »

« Et tu es un objet vraiment effrayant à voir, avec ton visage tout blanc ; pas étonnant que Ben te regarde. Voilà le poste, il doit être tard.

L'invitation de M. Brande s'est avérée irrésistible et, dès le lendemain, Mark Jervis était dûment installé à Rookwood. Ce déménagement n'a suscité aucun commentaire : son poignet était cassé et il avait besoin d'être soigné : le bungalow des Brandes avait toujours été une sorte d'hôpital de gare auxiliaire. Le jeune malade s'installa bientôt chez lui et ne causa certainement de problème à personne, comme le lui dit franchement son hôtesse. Il s'intéressait aux poules et aux pigeons ; il semblait s'y connaître en poneys ; il regardait avec admiration tandis qu'Honor remplissait les verres à fleurs et donnait son opinion et ses conseils francs ; il a joué Halma avec Mme Brande et Patience avec Honneur - et a agi comme arbitre au tennis.

«Voici tout un paquet de lettres», dit Mme Brande, entrant un matin dans la véranda et les examinant d'un œil critique tout en parlant. « Un pour vous, Honor, un pour moi et deux pour M. Jervis – « 300, Prince's Gate » sur l'enveloppe » – en la lui remettant. "Est-ce que c'est le nouveau style?"

« Je ne sais vraiment pas » – recevant l'épître de son oncle et s'asseyant sur les marches à côté de Ben.

M. Brande avait pour sa part une pile de fonctionnaires, et bientôt chacun fut plongé dans sa propre correspondance.

« Oncle Pel », dit sa nièce en levant les yeux d'une lettre croisée et grattée, « voici une longue épître de Mme Kerry, la femme de notre recteur. Elle va tenir une réunion de salon sur les missions, et elle souhaite que je lui dise, en lisant à haute voix, ce que je pense de la perspective du christianisme dans ce sombre pays païen ? Je n'en sais rien ; quel est ton opinion?"

"C'est un défi de taille, une grande question" - assis droit, mettant son lunettes dans son œil et concentrant son attention sur sa nièce. « Je suis sûr que je ne peux vous en dire que très peu. L'Inde a de nombreuses années de retard : elle est peuplée et isolée. Cependant, les vieilles croyances sont progressivement sapées. J'ose dire que dans cent ans l'Inde sera chrétienne et… » – laissant tomber son verre soudainement – « les Britanniques seront peut-être bouddhistes.

« Oh, oncle Pelham, parlez sérieusement pour une fois ; tu sais que je ne pourrais pas écrire ça à la maison. Mme Kerry », faisant à nouveau référence à sa lettre, « pose des questions particulièrement sur les Hindous ! »

« Eh bien, vous pouvez lui dire que les Hindous sont naturellement un peuple pieux et qu'ils doivent avoir une religion. Certains sont désormais théistes, athées, agnostiques ; de simples idolâtres grossiers, qui même de nos jours adorent le diable et brûlent les sorcières – oui, à moins de cent milles d'un collège dont les étudiants dévorent Max Müller, Matthew Arnold et la littérature la plus avancée de l'époque.

– Et les mahométans ?

« Les mahométans ne changent jamais et ne changeront jamais jusqu'à ce qu'après avoir lu l'histoire et la science, ils se voient eux-mêmes d'un autre point de vue. Vous pouvez assurer votre ami qu'eux aussi ont leurs missionnaires, qui adoptent la prédication de rue et la distribution de tracts, et qu'on peut les trouver dans d'innombrables bazars, exposant l'enseignement du Prophète. Ils font de nombreux convertis, et parmi eux quelques chrétiens ! Je vous en prie, dites- *le* à la dame .

"Je ne ferai rien de tel, oncle Pelham."

« Chez les Hindous, dont la caste est si ferme, les conditions sociales des classes inférieures sont si misérables et immuables, que beaucoup deviennent mahométans, où tous sont pareils, où une ascétisme sévère n'est pas nécessaire, où il n'y a pas de parias, mais où il y a de la place pour l'indulgence de toute ambition. Voilà le vieil ayah de ta tante ; elle ne sait pas *ce* qu'elle est. Elle assiste aux fêtes hindoues et mahométanes avec impartialité. Elle croit autant en Vishnu qu'en Mahomed ; elle croit aussi au whisky schrab !

« Mon cher Pel, comment peux-tu dire une chose pareille ! » interrompit sa femme avec indignation. "Ne bourrez pas la tête de l'enfant avec des déchets aussi secs, mais regardez simplement *ça* ." Et Mme Brande, qui s'était levée, s'approcha solennellement, lui tendit la photo d'une jeune fille et dit : «

Regardez ici, P. ; peu importe votre discours missionnaire, mais dites-moi ce que vous en *pensez* ? Pour qui penses-tu qu'elle est ?

« Un ange à regarder, en tout cas », fut la réponse catégorique.

« Oui, avez-vous déjà vu un visage aussi parfait ? Eh bien, c'est votre propre nièce, Fée Gordon ?

Oui, c'était bien Fée – une image exquise d'elle : douce, *posée* , retouchée, montrant le meilleur côté du visage de Fée – avec la meilleure expression de Fée.

« Ma chère, » dit Mme Brande en se tournant vers Honor, « je ne vous échangerais contre personne, mais *elle* est la beauté de la famille, et il n'y a pas deux mots à ce sujet. Hein, P. ?

« C'est vraiment beau, » acquiesça-t-il ; "mais je préfère le petit phiz brillant et les grands yeux inquisiteurs d'Honor."

Il était juge de contenance, et même une photographie flatteuse ne pouvait le tromper ; il y avait une expression cruelle et pincée sur les lèvres de la belle.

«Venez voir ça, M. Jervis», s'écria la fière tante. "N'est-elle pas adorable?"

"Oui… adorable", répondit-il. Elle était sans aucun doute « la jolie », même s'il était secrètement d'accord avec M. Brande.

« Je me demande ce que Mme Langrishe lui dirait… hein ? Hein, Honor ?

Quoi en effet ! Honor rougit violemment et sourit avec contrainte, mais ne répondit pas.

"Et voici sa jolie petite lettre", continua Mme Brande en la laissant tomber sur les genoux d'Honor. « Il faut que je lui envoie quelque chose, la pauvre enfant.

La missive était écrite sur deux feuilles, d'une écriture énorme – une écriture qui eût convenu à une géante – et se lisait ainsi :

« CHÈRE TANTE SARA ,

« Il me semble vous connaître si bien grâce aux lettres d'Honor, que j'aimerais que vous *me connaissiez un peu* et je vous envoie ma photo. On le considère comme me ressemblant beaucoup, seuls mes cheveux et mon teint – qui, vous le dira Honor, sont mes deux points *forts* – ne ressortent pas. Nous dévorons ses lettres chaque semaine et connaissons bien Shirani, les gens là-bas, les fleurs et les paysages exquis, ainsi que votre chère personne. J'envie Honor de sa charmante maison - parfois je pleure quand j'y pense (et vous supposerez que je suis très stupide) - avec des bals, des fêtes, des pique-niques et un poney à elle. Sa vie contraste avec celle de sa pauvre petite sœur Fée, qui n'a personne pour la combler de gentillesses et de cadeaux, qui n'est pas allée à *un seul* bal depuis mai et qui doit faire durer une paire de gants pendant des mois. Cependant, je ne me plains pas ; Les plaisirs de l'honneur sont les miens. Je ressens votre grande générosité envers elle et je vous en suis très reconnaissant. Quand vous aurez le temps, j'espère que vous m'enverrez votre photo — nous n'en avons pas une — et aussi quelques lignes pour égayer nos longues journées ennuyeuses. Comme j'aimerais que nous puissions nous *permettre* de partir pour changer ! J'ose dire qu'Honor vous a dit qu'au *début* c'était moi qui devais sortir vers vous, mais ensuite les plus prudents de la famille (Jessie et Honor) ont décidé que je devais rester à la maison. Pourtant, j'ai toujours eu une sorte de sentiment de t'appartenir, car pendant trois jours entiers j'ai été l' élu et je pouvais à peine manger et dormir, tellement j'étais heureux. Excusez cette lettre décousue ; Je ne suis pas du tout *intelligent* , comme les autres, mais je le suis toujours

« Votre nièce bien-aimée
» , FÉE .

« PS : Honor est-il déjà fiancé ? Elle ne mentionne jamais d'admirateurs.

C'était l'épître d'une Cendrillon, et pourtant, toute sa vie, la Fée était devenue la reine de la famille. Les joues d'Honor s'empourprèrent de colère (sa tante imagina que c'était une rougeur de honte ou une mauvaise conscience) alors qu'elle pensait aux diverses petites privations de sa propre vie et de celle de Jessie, pour que Fairy puisse y aller doucement ; des kilomètres qu'elle avait parcourus, des vêtements miteux qu'elle avait portés pour le bien de Fairy. C'est seulement l'autre jour qu'elle lui avait envoyé huit livres de son argent de poche, au lieu de les dépenser pour cette robe de bal rose. Maintenant qu'elle était absente, il y avait, comme M. Kerry l'avait clairement indiqué, une plus grande marge pour le luxe à la maison ; c'était vraiment dommage que Fée écrive à la simple tante Sara, dans cette veine de martyre.

Honor avait l'air vexée, alors qu'elle levait les yeux et rencontrait le regard de sa tante – un regard interrogateur.

« Et donc l'autre enfant voulait venir ? » – tendant la lettre d'Honor à son mari. « Et tu ne me l'as jamais dit, toi qui es si libre et ouvert. Dis-moi maintenant, puisqu'elle y était si concentrée, *qu'est-ce qui* l'en a empêchée ?

« Tante Sara, Fairy n'est pas forte, elle n'est pas adaptée aux longs voyages ou excursions, aux heures tardives ou à un climat étranger. Notre médecin a dit que ce serait de la folie pour elle de s'aventurer, et c'était une des raisons. Elle a changé d'avis d'elle-même. Elle a toujours été l'animal de compagnie de la famille.

« Mais vous mentionnez une raison. Quel était l' *autre* ?

L'honneur devint désormais écarlate. « Ce n'était pas un mal, je préférerais ne pas le dire », balbutia-t-elle ; "Tu le sauras un jour", et elle avait l'air désespérément affligée.

"Je me demande si elle sortirait *maintenant* ?" » dit Mme Brande, rêveuse. « Nous pouvons en installer deux aussi facilement qu'un. Hein, P.? Les Hadfield attendent Gerty en novembre. Elle pourrait venir avec elle et s'amuser pendant cinq ou six mois après tout. Cela lui donnera de quoi parler à l'avenir, et sauf erreur de ma part, *elle* donnera aux gens de quoi parler. Hein, P. ?

M. Brande parcourait lentement la lettre de sa nièce, mais elle ne lui plaisait pas ; il y avait un claquement flatteur et grinçant. Honor, aux yeux brillants et impétueux, n'aurait jamais pu écrire une telle épître.

"Il y a une lettre sur le terrain que vous n'avez pas vue, Mme Brande", a déclaré Mark Jervis en la récupérant.

« C'est vrai, je le déclare ; il vient de Mme Primrose. Je suis sûr qu'elle veut que je veille à ce que sa maison soit diffusée. Elle est plutôt en retard cette saison. Mme Brande parcourut le journal des yeux et laissa échapper une expression de véritable consternation.

"Quel est le problème?" » s'enquit vivement son mari.

« Elle ne peut pas s'enfuir pendant dix jours et elle a peur de garder l'enfant là-bas plus longtemps, tant la chaleur est horrible. Elle veut que je la prenne ?

"Ô Seigneur!" » éjacula M. Brande. « Nous préférerions prendre n'importe quoi, sauf la variole. Câblez tout de suite… pas de place ici… il y a des formulaires télégraphiques sur ma table à écrire.

« Trop tard », gémit Mme Brande ; « elle l'a renvoyée, « confiante », citant la lettre, « en ma gentillesse et ma bonhomie bien connues ! Je suis beaucoup *trop* gentille, voilà ce que je suis, dit Mme Brande avec une irritation inhabituelle. "L'enfant et Ayah sont actuellement à la gare et seront là après-demain."

"Alors je partirai, si j'y parviens", dit son mari avec insistance.

"Qu'est-ce qu'il y a chez cet enfant, oncle Pel, qui vous plonge, vous et tante Sara, dans une telle panique ?"

"Panique! Je te remercie, nièce, de m'avoir appris ce mot ! Oui; le mot même : panique. Oh! J'avais oublié que vous et Jervis êtes de nouveaux arrivants, mais la plupart des habitants du Nord-Ouest ont vu, entendu parler ou souffert de la « primevère douce ».

"Doux! Quel nom ! Un jeu de mots, je suppose, dit Honor.

"Et un grave inadapté", grogna M. Brande.

« Je vous prie de nous donner quelques détails supplémentaires, monsieur », a exhorté Mark. "Préparez-nous, mettez-nous sur nos gardes."

« Elle a six ans – elle est fille unique – *cela va sans dire* . Extrêmement jolie, gracieuse et intelligente.

« Ah ! je crois qu'elle me plaira », dit le jeune homme avec un signe de tête reconnaissant. «Je suis prêt à être son champion. J'aime plutôt les enfants, surtout les jolies petites filles.

« Elle est aiguisée comme une aiguille chirurgicale, active, avide, remuante, indiscrète, avec une mémoire merveilleuse pour les conversations de ses aînés, et une facilité extraordinaire à les raconter ! Les choses que cet enfant a dites, avec l'air d'un petit saint innocent ; les secrets qu'elle a divulgués à toute une pièce ; les questions mal à propos qu'elle a posées… »

« Pelham ! » interrompit sévèrement sa femme, « si vous comptez répéter l'un d'entre eux, s'il vous plaît, attendez qu'Honor et moi ayons quitté la véranda. L'enfant est assez innocent, expliqua-t-elle à Mark, mais espiègle, et elle se réjouit de voir ses aînés avoir l'air misérables. Oh mon Dieu ! cher moi! J'aurais aimé que les dix prochains jours soient terminés. Ben ne peut pas la supporter, et ce n'est pas étonnant : elle lui a laissé tomber de la cire chaude sur le nez ; et la dernière fois que je l'ai eue ici, elle a essayé chacune de mes plus belles casquettes et bonnets et les a jetés partout. Mais ce n'était pas le pire. Un matin, au petit-déjeuner, elle entendit M. Skinner raconter l'histoire d'un cheval qu'il avait acheté, qui s'est avéré être une vis, et elle frappa dans ses mains avec une grande joie et cria : « Je sais ce que *c'est* ! J'ai entendu maman dire que *tu* étais un horrible connard. Je pensais que j'aurais dû avoir une crise, et M. Skinner n'a plus jamais mis les pieds dans cette maison depuis ce jour.

CHAPITRE XXV.
SWEET PRIMROSE JUSTIFIE SA RÉPUTATION.

Deux jours après cette conversation, Sweet Primrose donnait des coups de pied dans ses longues jambes dans la véranda de Rookwood, alors qu'elle était allongée à plat sur la natte, absorbée dans un livre d'images. Un livre d'images, aussi pittoresque, nouveau ou volumineux soit-il, ne durait jamais plus de cinq minutes à cette jeune femme – comme Mme Brande le savait bien. Elle le jetait avec mépris et recommençait à errer de long en large avec son cri lassant de petit perroquet : « Amusez-moi, amuse-moi ! »

À l'heure actuelle, elle se comportait bien. Elle s'était prise d'affection pour Mark et elle était étonnamment polie avec Honor ; et comme c'était sans aucun doute une petite créature des plus charmantes, avec des traits délicats, des yeux violets nostalgiques et des cheveux comme de la soie filée, les jeunes gens étaient enclins à faire grand cas d'elle et à croire que M. et Mme Brande étaient des personnes âgées prévenues. couple, qui ne savait pas prendre le bon chemin avec les enfants ; et cette enfant en particulier était disposée à les favoriser avec une grande partie de sa société – et cela leur plaisait.

Elle les accompagnait dans le jardin, marchant généralement entre eux, leur tenant fermement la main. Elle passait chaque matin un temps considérable dans la chambre d'Honor, tripotant tous ses bibelots, dépliant ses mouchoirs, renversant les boîtes à épingles et observant avec un intérêt non dissimulé comment Honor se coiffait.

Le résultat de l'inspection fut qu'au petit déjeuner elle fut en mesure d'annoncer à la compagnie la déclaration réjouissante suivante :

« *J'ai* vu Honor se coiffer ; c'est long et réel, comme le mien », avec un mouvement vaniteux de ses mèches blondes – « jusqu'ici », indiquant la longueur de sa propre petite personne. « Elle ne met pas de mors, comme maman. La frange de maman est toute épinglée, avec de longs morceaux qui la fixent sur le côté, comme ceci, » démontrant leur situation avec de petits doigts révélateurs ; "ou comme vous", se tournant vers Mme Brande. « *J'ai* vu ta tresse!»

"Eh bien, j'espère que vous l'avez admiré!" répondit la dame avec *un sang-froid un peu stupéfiant* . "Cela m'a poussé une fois sur la tête."

Et Sweet, constatant que le sujet *n'était pas* douloureux, cessa de le poursuivre.

Elle aimait s'asseoir sur les genoux de Mark, les bras étroitement serrés autour de son cou, la joue appuyée contre la sienne, pour regarder des photos ou écouter des histoires. En effet, il semblait (comme le remarqua Mme Brande) l'avoir hypnotisée. Ben se méfiait toujours de l'enfant, tout comme son grand-père et sa grand-mère ; mais tout le monde semblait penser que Sweet

Primrose était désormais tout à fait un modèle – un personnage réformé. Elle descendit vers le groupe, habillée de manière exquise, avec des jupons gonflés et de fins bas de soie, en charge de sa grosse ayah ornée de bijoux ; là, elle administrait secrètement des pincements à droite et à gauche à d'autres enfants et critiquait grossièrement leurs vêtements. Elle entra dans les toilettes des dames, apparemment pour regarder les journaux photographiques ; et elle était, parmi ses aînés, si calme, si pianistique, une petite mortelle si délicate et si délicate, que les vieilles connaissances pouvaient à peine se rendre compte qu'il s'agissait *là de* leur « Douce » originale et la plus désagréable.

C'était l'anniversaire de Mme Brande, et ses amis n'avaient pas oublié son anniversaire. Il y avait des cartes, des lettres et des petits cadeaux de certains des « garçons », un joli sac d'Honor (fabriqué secrètement comme une surprise), des bouquets, une lampe en argent exquise de Mark Jervis, qui, dit-elle à Honor, « a dû coûter très cher ». pauvre garçon, une somme effroyable ! » – enfin, et non des moindres, un cadre photo en argent, avec « les respects de Ben ».

Le visage de Mme Brande était radieux. Elle s'est dirigée directement vers Mark avec ses cadeaux à la main.

«C'était dommage de votre part de m'acheter un cadeau aussi grandiose, et exactement ce dont je désirais – et Ben. *C'était* aussi ton idée ! Sais-tu que j'ai très envie de t'embrasser," dit-elle d'un ton menaçant.

Sweet, qui jouait avec son porridge, se raidit d'attente et attendait la suite des événements avec une paire d'yeux énormes.

Mais Mme Brande n'a pas mis sa menace à exécution – non ; elle a simplement dit...

« Tu n'es qu'un garçon et je suis une vieille dame. Au fait, tu as quel âge, hein ? Je dois noter ton anniversaire.

«J'avais vingt-six ans en avril dernier.»

"Vingt-six! Eh bien, on n'en a pas l'air à cinq ans, » s'asseyant devant la théière et une pile de lettres et de petits paquets qui gisaient à côté de son assiette.

« Pelham me donne toujours des diamants, poursuivit-elle, mais j'en ai beaucoup ; et, au cas où vous penseriez qu'il m'a oublié cette fois, il m'a donné un gros chèque pour le nouvel orphelinat ; j'ai donc fait un travail magnifique.

« Avez-vous acheté des chocolats ? » » demanda Sweet avec inquiétude.

"Non mon cher; mais je t'achèterai une boîte après le petit-déjeuner.

"Et est-ce vraiment ton anniversaire?"

"Oui. Pourquoi? Est-ce que ça n'y ressemble pas ? triomphalement.

« Je croyais qu'il n'y avait que des dames qui fêtaient, » dit d'un air sévère ce charmant petit hôte ; "et Mme Dashwood dit que *vous* n'êtes pas une dame."

« Eh bien, pas de naissance, ma chère, même si j'ose dire que je suis aussi bien née qu'elle ; et, de toute façon, je prends son *pas* sur elle dans toute la société.

« De quel père ? » » fut la question sévèrement posée.

Alors que Mark et Honor répondaient à cette question par un éclat de rire, l'acarien avait l'air excessivement content d'elle-même.

« Vous la retrouverez bientôt au meilleur de sa forme », marmonna M. Brande derrière le *Pionnier*. Puis il a ajouté, en français : « Elle va plutôt bien depuis une semaine, et c'est son intervalle le plus long. Je l'ai vue au poulailler avant le petit déjeuner, Honor, avec ton élégant parasol en soie blanche.

"Maman parle toujours comme vous quand elle parle de *moi* ou de tout ce qu'elle ne veut pas que je sache", s'écria Sweet avec vivacité. « J'ai fini mon petit-déjeuner, » glissant de sa chaise, « et je descends voir les enfants de la Syce. Oh, je ne vais pas leur tirer les cheveux ; » et elle s'est enfuie.

Sweet était possédée d'un démon d'agitation ce matin-là - rien ne lui plaisait pendant plus de deux minutes, et son ayah indolent laissait calmement la tâche de la divertir aux autres. La petite Miss Primrose ne jouait jamais à des jeux, ni n'habillait de poupées, ni ne faisait de magasins ; en fait, les goûts de Sweet étaient bien trop avancés pour ces délices juvéniles apprivoisés ; ils avaient pâli des années auparavant. Cela lui procurait un plaisir bien plus vif de harceler ses aînés et de gouverner ses camarades avec un fléau.

Elle errait sans but, avec son cri pitoyable et aigu : « Amusez-moi, amusez-moi ! Oh, *personne ne* m'amusera ! Elle en avait assez des chapeaux et des nouvelles robes d'Honor, des chocolats, des histoires de Mark ; et son appel irritant et monotone était devenu aussi exaspérant que le claquement constant d'une porte.

"Regarde ici, douce. J'ai une grande idée », dit enfin Mark. « Voudriez-vous que je fasse votre dessin ?

« Et le colorier ? elle a demandé judiciairement.

"Oui; et mets ta ceinture bleue, et tout.

"Et mon collier?"

"Certainement... votre collier aussi, s'il vous plaît."

"Alors fais-fais-le tout de suite !"

« Vous devez attendre que je reçoive mes objets de dessin et mes peintures ; et vous devrez rester assis tranquillement pendant une heure entière. Si vous ne pouvez pas faire cela, vous n'aurez qu'une image *moche* ! Est-ce que tu comprends? Mon chevalet et mes affaires sont à Haddon Hall. Il faut que je les envoie chercher ; donc si vous aimez vous améliorer, vous le pouvez.

Il avait à peine cessé de parler, que la vaniteuse petite créature se pavana directement dans sa propre chambre, appelant bruyamment son ayah en hindoustani impérieux.

Mme Brande pouvait à peine en croire ses yeux lorsqu'une heure plus tard, elle entra dans la véranda, avec une certaine appréhension, pour voir ce qui rendait Sweet si silencieux, et découvrit la « petite ampoule », comme elle l'appelait mentalement, assise sagement sur une chaise. aussi rigide et immobile qu'une statue.

"Tu vois, je me fais prendre en photo", gazouilla-t-elle. « Mais je ne dois pas bouger. S'il vous plaît, regardez jusqu'où il est allé », hochant la tête vers Mark, qui peignait régulièrement, bien que plutôt embarrassé par la perte de l'usage de son bras gauche.

Mme Brande et Honor allèrent examiner le portrait, s'attendant à voir un faible petit contour, quelque chose fait juste pour la bonne humeur et pour faire taire l'enfant. Mais ils faillirent sursauter, alors que leurs yeux tombèrent sur une tête grossièrement esquissée – le visage vivant et respirant de Sweet, qui les regardait depuis la toile, de son meilleur – en bref, son expression « d'ange ».

"Eh bien je n'ai jamais! Eh bien, vous êtes un artiste régulier ! » haleta enfin Mme Brande.

"Très irrégulière", répondit-il en riant. «Je n'ai pas peint de portrait depuis plus d'un an. Bien sûr, comme tous ceux qui viennent et savent tenir un pinceau ou un crayon, j'ai essayé les neiges ! Mais mes neiges sont simplement comme une rangée de gouttes de coton. Je ne peux pas faire de paysages, même si je suis plutôt doué pour les visages et les animaux.

"Je préférerais penser que vous *l'étiez* ", a déclaré Mme Brande avec insistance.

"Est-ce que c'est joli?" » cria impérieusement le modèle. "Est-ce que c'est joli, comme moi?"

"Qui a dit que tu étais jolie?" » demanda Mme Brande.

"Tout le monde dit : 'Oh, quelle jolie petite fille !'"

"C'est beaucoup trop gentil pour toi, je peux te le dire." À Mark : « C'est merveilleux. Eh bien, vous pourriez faire fortune en tant que portraitiste !

« C'est ce qu'on me l'a dit, peut-être parce que je n'ai aucune chance de mettre un jour ces conseils en pratique. Je peux saisir la ressemblance et faire ressembler l'image à mon modèle, mais je ne peux pas terminer. Passé un certain point, si je continue, je gâche tout. »

"Oh, s'il te plaît," gémit une petite voix dans une agonie aiguë, "ne *me gâte pas* !"

"Pas besoin, vous êtes assez gâtés", répondit l'artiste avec une emphase inhabituelle.

« Pourquoi ne nous as-tu jamais fait part de ce talent, Mark ? Quel plaisir pour vos amis, dit Mme Brande en s'appuyant lourdement sur sa chaise. "J'aimerais que tu fasses un petit croquis de Ben ?"

"À peine dit que c'était fait. Je dois laisser cela sécher pour aujourd'hui, alors appelez la prochaine victime ; J'ai un autre bloc prêt. Ben, mon vieux, je vais te transmettre à la postérité.

Ben n'était pas un aussi bon modèle que Sweet, probablement parce qu'il n'avait pas le moindre atome de vanité personnelle. De temps en temps, il perturbait sa « pose » en se précipitant sur un petit écureuil diable et moqueur, qui regardait à travers le treillis et le mettait au défi de faire le pire ! Il a osé, et cela n'a toujours abouti à rien.

Comme la matinée s'était envolée ! Lorsque « P. » Arrivé à deux heures, sa femme se précipita vers lui avec deux images : un croquis de Sweet et une esquisse à moitié travaillée de Ben, à la vie.

« Ben est splendide ! » s'est-il exclamé, « le scintillement dans ses yeux, la tache blanche sur sa lèvre et son expression de rendez-vous du dimanche. Ah ! et laissez-moi voir – mon « Sweet », son look le plus angélique et le plus beurré qui ne fondrait pas dans ma bouche ! Bel enfant ! l'apostrophant. "Je pense que je peux réussir à me souvenir *de toi* sans l'aide d'une image parlante !"

"Oncle Ben, comment peux-tu être si horrible!" » remontra Honor en l'emmenant déjeuner.

Le déjeuner (tiffin) était un repas extrêmement joyeux. Il est heureux que nous ne puissions pas voir l'avenir, car le dîner fut le repas le plus lugubre dont les locataires actuels aient jamais discuté sous le toit de tuiles rouges de Rookwood.

Mark Jervis avait passé dix jours chez les Brande et n'avait encore jamais trouvé l'occasion d'ouvrir son cœur ni de confier son secret à Miss Gordon.

Maintenant qu'il vivait sous le même toit, ses espoirs s'amenuisaient et son courage s'amenuisait. Il croyait qu'elle serait extrêmement indignée lorsqu'elle entendrait la vérité de ses propres lèvres, à savoir. qu'il *était* millionnaire ! D'ailleurs, « cet enfant diabolique », comme, hélas ! il avait maintenant commencé à l'appeler, ne les laissait jamais seuls, ni hors de sa vue une seule seconde. Il était devenu un ardent converti aux vues de M. et Mme Brande — même s'il gardait sa conversion strictement pour lui !

Le même après-midi, il comprit que son opportunité approchait. Sweet était fiancée à une fête d'enfants, Mme Brande s'était engagée à assister à une réunion de mères. M. Brande, qui était occupé à préparer certains retours, a déclaré :

« Honor, toi et Jervis remontez la route forestière et je serai après vous dans un quart d'heure. Pas de poneys, on va marcher, et se donner une couleur, et un appétit. Autant emmener Ben et lui faire courir parmi les singes.

Honor et son escorte partirent, lui le bras toujours en écharpe, et ils marchèrent d'un pas vif le long du large chemin carrossable sablonneux qui montait et montait, en pente très douce, parmi les pins. C'était un après-midi délicieux et calme ; l'odeur aromatique des bois avait imprégné l'air raréfié des collines et agissait sur leurs esprits comme le champagne.

"Notre neveu", faisant allusion à Ben, qui galopait gaiement devant, "semble s'amuser", remarqua Jervis.

"Il fait; c'est sa route préférée. C'était une pensée heureuse pour *son* cadeau ! »

"Oui", avec un sourire, "je suis content que Mme Brande soit si contente. Mme Sladen m'a aidé avec des suggestions.

« Pauvre Mme Sladen. Elle dit que rien que pour toi, elle aurait été tuée le jour où Toby Joy vous a envoyés tous les deux dans le khud – que vous avez tendu le bras et l'avez sauvée, et vous ne lui permettez même pas de le dire.

"Non en effet; Je ne le ferai certainement pas.

"Le colonel Sladen a gagné et j'ai de grands espoirs qu'il lui permettra de rentrer chez elle cette saison."

« J'espère qu'il le fera, de tout mon cœur ; si j'étais elle, je resterais à la maison, pour de bon.

"Elle n'a pas vu ses enfants depuis cinq ans et les petites choses sont si vite oubliées."

« Pas toujours », de manière significative. « Notre petit ami a un merveilleux souvenir ! »

"Non non; mais des enfants ordinaires. Le sucré est extraordinaire. Le colonel Sladen a gagné énormément d'argent auprès du capitaine Waring, et si cela lui permet de payer son passage, pour une fois, le jeu lui aura fait *du* bien. J'aimerais quand même qu'il fasse quelque chose de mieux avec son argent. Oncle Pelham dit que c'est un exemple terrible pour les autres jeunes hommes.

"Oui; et il n'a pas de chance. Il pourrait tout aussi bien tirer un chèque et l'envoyer au secrétaire pour qu'il le répartisse entre les membres, car ce n'est qu'une perte de temps et cela reviendrait au final au même résultat.

« Sans l'excitation délicieuse du jeu, vous avez oublié *ça* ! Cela semble dommage de gaspiller de l'argent de cette façon, alors qu'il y a tant de pauvreté et de misère partout. Même quelques kilos peuvent faire des merveilles et changer complètement la vie des gens. Il me semble parfois que l'argent est entre de mauvaises mains et que ses propriétaires ne reconnaissent pas leurs responsabilités.»

« Une grande fortune *est* une grande responsabilité », remarqua gravement son compagnon. « Il est si difficile de savoir quand donner et quand ne pas donner. Je pense que les personnes ayant des revenus modérés ont de loin les meilleurs résultats. »

« C'est une plaisanterie capitale, si quelqu'un pouvait nous entendre déplorer les inconvénients de la richesse, vous et moi, les deux parents pauvres. Au moins, je parle pour moi », avec un joyeux sourire.

« Et je dois parler pour *moi* . J'ai longtemps souhaité vous dire quelque chose, Miss Gordon. J'ai plutôt hésité à le faire, parce que je crains que vous ne soyez contrarié ; mais--"

Le brusque claquement d'une brindille au bord du talus surplombant la route lui fit lever les yeux. Il y avait là un grand léopard en train de bondir ; comme un éclair, il s'est posé juste un mètre derrière eux, puis est revenu avec le pauvre Ben dans la bouche ! Tout cela a été l'œuvre de deux secondes.

"Oh, Ben, pauvre Ben!" » cria Honor frénétiquement. « Sauvons-le ; nous devons le sauver.

Jervis lui arracha l'alpenstock des mains et remonta la berge en courant. Les léopards sont des lâches notoires ; la bête s'arrêta un instant, laissa tomber sa proie et s'élança légèrement dans les broussailles.

Mais hélas! le pauvre Ben était mort; il y a trois minutes, il était plein de vie, maintenant une morsure dans la gorge avait mis fin à son heureuse existence ; Il gisait là, les yeux grands ouverts, fixés dans une expression d'horreur figée. Sa mort était sur lui presque avant qu'il ne s'en rende compte ; il était mort alors qu'il avait été emporté hors de la route.

Alors qu'il gisait mollement sur les genoux d'Honor, ses larmes coulaient lentement et tombaient sur son corps encore chaud.

Tante Sara, qui devait le lui dire ? Oh, quelle fin pour son anniversaire ! Et elle avait souvent redouté cette fin pour Ben – presque comme s'il s'agissait d'un pressentiment, et elle avait toujours été si pressée de le ramener à la maison avant le coucher du soleil. Il n'y avait pratiquement aucune maison à Shirani qui n'ait payé un tribut aux « luggers buggas », comme les appellent les indigènes, qui étaient particulièrement friands de chiens – des chiens à poil court, et qui traînaient dans les sentiers et les cuisines à proximité après la tombée de la nuit. Mais ce meurtre avait été commis en plein jour, bien avant même le crépuscule.

« Allons, Miss Gordon, » dit son escorte, « vous ne devez vraiment pas vous comporter ainsi ; vous ne le connaissez que depuis trois mois, et…

"Ne dites pas que ce n'était qu'un chien!" l'interrompit-elle avec indignation.

« Eh bien, je ne le ferai pas, et je me sens moi-même terriblement déchiré. Oui, en réponse à son regard vers le haut, je le suis effectivement. C'est quelque chose de savoir que sa fin a été instantanée : il n'a presque pas souffert.

« Et comment leur annoncer cela ?

"M. Brande s'en prend à nous. J'irai lui dire si vous attendez ici. Non, à bien y réfléchir, il ne suffirait jamais de vous laisser seuls, ainsi que cette brute dans la forêt – même si je ne crois pas qu'elle ferait face à un être humain. Ah, voici ton oncle.

La tragédie s'est progressivement manifestée à Mme Brande, et son chagrin était profond lorsque son petit chien mort a été amené et déposé à ses pieds. Toute la famille indigène était en deuil (que ce soit sincèrement ou par instinct servile, qui le dira ?). La seule qui n'a pas pleuré était Sweet, qui s'est exclamée franchement, tout en faisant un joyeux câlin :

« Méchant chien laid ! Je suis *tellement* contente qu'il soit mort !

Heureusement, Mme Brande ne l'entendit pas, sinon elle l'aurait probablement envoyée directement hors de la maison pour tester le confort du bungalow dâk.

La pauvre Mme Brande avait tellement pleuré qu'elle n'était pas digne d'être vue ; elle ne parut pas au dîner. Le lendemain matin, le croquis inachevé de Ben provoqua un nouveau flot de larmes, et elle ne fut pas présentable toute la matinée.

Pendant ce temps, Sweet posait pour son portrait et bavardait sans cesse. Elle avait assisté à une grande fête et aucune autre petite fille n'avait porté de bracelets en or ou de jarretières roses avec des rosaces en satin. Elle avait donc franchement assuré à son auditoire, Mark et Honor, que ce dernier était entouré d'une pile de livres et avait l'intention de résoudre un acrostiche dans le *Monde* .

"Le thé était plutôt bon", continua Sweet avec affabilité. « J'ai neuf biscuits, un éventail et une petite poupée de porcelaine toute nue ; mais les friandises n'étaient pas celles de Pelitis, mais celles du bazar, j'en suis sûr. Percy Holmes a essayé de m'embrasser, je lui ai gratté le visage et il a pleuré. Quelle Molly ! Je l'appellerai toujours Baby Holmes !

Elle babillait ainsi bavardement, avec ses ragots enfantins. Soudain, elle parut frappée par une pensée importante, et demanda gravement, en écarquillant ses grands yeux violets :

« Que signifie préjudiciable – de-tri-men-tal ? prononçant le mot comme si elle l'avait appris par cœur.

"Vous feriez mieux de demander à Miss Gordon", répondit Mark. "Mlle Gordon, vous avez un dictionnaire à portée de main."

"Oh, qu'importe *?* " s'exclama Honor, qui commençait à se méfier plutôt des questions apparemment naïves de Sweet.

"Découvrez, découvrez!" s'écria le diablotin en balançant ses jambes avec impatience. « Je veux savoir, et je suis très bien assis, n'est-ce pas ?

Mark fit signe à Miss Gordon de lui faire plaisir, ajoutant :

"Je n'ai jamais vu une personne aussi petite pour saisir de grands mots."

« Le voici, » dit enfin Honor, « et que cela vous fasse beaucoup de bien ! lire à haute voix : « Préjudiciable – préjudiciable, blessant, préjudiciable. »

"C'est ce que Mme Kane a dit *qu'il* était", pointant un doigt joyeux vers le jeune homme. "C'est choquant et préjudiciable, et que Mme Brande a été idiote de l'avoir ici."

"Doux! Comment oses-tu répéter de telles choses ? s'écria Honor, les joues flamboyantes. « Vous savez que c'est très mal. Quelle vilaine petite fille tu es !

"Mais elle *l'a dit* ", a persisté hardiment Sweet; "et elle a grandi."

« Elle plaisantait, bien sûr ; les adultes plaisantent souvent.

« Elle a dit beaucoup de choses. Elle a dit ça--"

« Chut ! Nous ne voulons pas entendre d'histoires, » interrompit Honor, essoufflé.

"Elle a dit," cria une voix triomphante, bien au-dessus des hu-s-sh, "il était amoureux de *toi* !"

«Maintenant», s'écria Honor, sa passion étant devenue incontrôlable, alors qu'elle observait le petit mannequin arrogant et suffisant – elle n'osait pas regarder Mark Jervis – « Je vous ai dit de ne pas répéter d'histoires. Je vous l'ai répété maintes et maintes fois, et pourtant vous prenez plaisir à le faire parce que cela dérange les gens – et vous le faites en toute impunité. Personne ne vous a jamais puni, mais *je* vous punirai.

Et avant que Mark ne devine ce qui allait se passer, Miss Gordon – activement précipitée dans son ressentiment – avait arraché le tableau du chevalet devant lui et l'avait déchiré en quatre morceaux !

"Là!" " Cria-t-elle à bout de souffle, " tu peux descendre de cette chaise immédiatement, Sweet. M. Jervis en a fini avec vous.

Sweet ouvrit ses grands yeux violets et la regarda avec un étonnement incrédule. Jamais elle n'avait été aussi servie. Jusqu'à présent, elle avait toujours mis les gens en colère, mal à l'aise ou choqués, sans se blesser, et avait invariablement apprécié ce que l'on appelle dans les cercles sportifs « une promenade ».

Jamais elle n'avait vu une jeune femme aussi en colère. Comme ses joues étaient rouges, comme ses yeux brillaient. Puis le regard de Sweet se fixa sur sa propre photo, sa bouche grande ouverte et poussa un cri déchirant, alors qu'elle tombait de sa chaise, comme un canari de son perchoir, et s'allongeait sur la véranda, donnant des coups de pied et criant.

« Après tout, » dit Jervis avec un air d'humble dépréciation, « vous n'aviez pas besoin d'être si en colère contre le pauvre petit mendiant ; elle a seulement dit la vérité. (Qu'il était nuisible, ou qu'il était amoureux d'elle, lequel ?)

Attirés par des cris bruyants, M. et Mme Brande se sont précipités sur les lieux depuis des portes opposées. La languissante ayah apparut également et souleva sa charge sanglotante, qui variait de temps en temps ses sanglots par un cri aigu de fureur.

"Qu'est-ce que c'est?" s'écria M. Brande, appelant avec impatience Honor et Mark. « Je croyais que tu la torturais… *enfin* !

« Qu'est-ce qu'il y a, chérie ? Qu'est-ce que c'est? dites-moi!" plaida Mme Brande. "Viens vers moi, mon amour, et raconte-moi tout ça, doatie. Là maintenant… là maintenant », en tamponnant avec son mouchoir les yeux de l'enfant.

"C'est," se raidissant soudain dans les bras de l'ayah et pointant un doigt tremblant vers le coupable, "cette cochonne, a déchiré ma jolie, jolie photo, parce que... je lui ai dit que Mme Kane avait dit que Mark était amoureux de elle... elle l' *a* dit, au thé à Mme King, et cette bête de fille a déchiré ma photo - et je vais le dire à ma maman, je le ferai - je le ferai - et Mme Kane l'a dit - et Mme Kane l'a dit. ... Le roi a dit... "

"Pour l'amour du ciel, emmenez-la !" » a crié M. Brande avec enthousiasme.

Là-dessus, Sweet fut immédiatement emmenée, donnant des coups de pied désespérés et criant toujours : « Elle l'a dit. Elle l'a fait… elle l'a fait… elle l'a fait !

CHAPITRE XXVI.
LE RÉSULTAT DE JOUER À « HOME, SWEET HOME ».

Cela peut paraître ridicule à la plupart des gens, mais il s'agissait néanmoins d'un fait solennel que Mme Brande s'inquiétait si terriblement après son chien que son conseiller médical (le Dr Loyd) a suggéré à son mari : « Quelques jours » changer, juste pour lui changer les idées ! Vous faites souvent un voyage d'une semaine dans les collines – partez maintenant.

Une telle excursion ne signifiait pas la jungle sauvage et sans piste, mais un pays traversé de bonnes routes et de sentiers équestres, parsemés à intervalles raisonnables de maisons de repos confortables. Ni la sympathie de ses amis, ni une petite tombe soignée et une pierre tombale portant l'inscription « Ben » n'avaient eu le moindre effet pour apaiser le chagrin de la dame endeuillée ; et elle n'aurait rien eu à dire à un adorable petit chiot que Mark lui avait procuré, mais elle l'a précipité avec indignation vers la descente d'Ayah. Non, il n'y avait rien d'autre à faire que l'expédition prescrite. Mme Sladen aurait dû faire partie du groupe, mais n'a pas réussi (comme d'habitude) à obtenir un congé de chez elle. M. Jervis les aurait volontiers rejoints, mais il n'osa pas s'absenter de Shirani, au cas où la convocation attendue arriverait pendant son absence. Les longues marches auraient fourni d'excellentes occasions de *tête-à-tête* avec Miss Gordon ; il lui aurait *tout raconté* en chevauchant à ses côtés ; la seule difficulté était qu'il doutait maintenant assez que Miss Gordon serait intéressée par ses confidences ? Son indignation lorsque Sweet avait laissé échapper le secret le plus sacré de son âme lui avait ouvert les yeux, et lorsqu'il avait osé ajouter que l'enfant avait dit la *vérité* , Miss Gordon l'avait tout simplement flétri. Oui, Waring avait raison lorsqu'il parlait de ses yeux hautains. Sa colère avait fini par passer comme un bref orage, et elle s'était humblement excusée pour son éclat, mais sans la moindre ou la plus légère référence à sa remarque – comme étant peut-être inaperçue.

« Vous m'avez déjà vue en colère, avait-elle déclaré, ce n'est pas que *cela* soit une excuse pour moi, bien au contraire. Bien sûr, je n'avais pas à toucher à votre dessin, et je suis extrêmement désolé d'avoir cédé à une impulsion aussi folle. J'ai voulu donner une leçon à cette malheureuse enfant, et j'ai attrapé la première arme qui, je pensais, la punirait. Je ne me comporte pas souvent d'une manière aussi honteuse et peu distinguée, je vous l'assure.

Et il s'assurait qu'il garderait à jamais sa véritable identité et ses belles perspectives enfermées dans son sein en ce qui la concernait. Les deux jours consacrés à la préparation de la marche, il les consacra à terminer le portrait de Ben. Il se tenait beaucoup à l'écart ; il semblait silencieux et découragé ; et Mme Brande confia à son mari qu'elle était sûre que son poignet lui faisait mal - il s'en était trop laissé aller, et elle lui donna de nombreuses instructions à ce sujet avant de se séparer, lui de retourner à Haddon Hall, et elle de retourner à Haddon Hall. ouvre la voie à la sortie de la gare. Il devait monter chaque jour jeter un coup d'œil à Rookwood, jeter un œil sur les volailles et les poneys et veiller à ce que les fougères soient correctement arrosées ; en d'autres termes, M. Jervis est resté comme gardien responsable – un gage de confiance sans exemple.

Comme il y avait longtemps qu'il n'était pas venu à Shirani ! pensa-t-il en remontant au trot le chemin des charrettes, après avoir bien mis ses amis dans leur voyage. Il y avait de fortes chances que son père ne le fasse jamais venir – mais il resterait à son poste jusqu'en octobre, puis rentrerait chez lui. Il ne serait pas fâché de revoir oncle Dan, de lui raconter des histoires, de déballer sa collection de cadeaux, de parcourir les clubs et d'entendre tout ce qui s'était passé pendant la saison, et d'essayer ses jeunes chasseurs. cubage.

Oui; c'était bien beau d'avoir des idées modestes, mais le pincement de la pauvreté était une autre affaire, et lui et la pauvreté nouaient peu à peu une relation assez tendre. Il était relancé pour des factures communes – des factures communes désagréables – de petits comptes, qui lui faisaient se sentir petit de penser qu'ils n'avaient pas été payés ; les factures de ferrage, les factures de grammes, les abonnements au gymkana, le bois et le charbon de bois et même les factures de lait. Il trouverait difficile de payer d'anciennes factures et de laisser suffisamment d'argent pour leur passage. Il voyait ses propres fonds privés diminuer chaque jour ; néanmoins il était résolu à ne pas demander d'argent à son oncle, ni à dépasser sa traite de six cents livres. Pourquoi son oncle devrait-il payer pour sa folie à courte vue ? il lui avait dit de garder l'argent en son propre nom et, néanmoins, il avait laissé carte blanche à Clarence. Mais alors, dans ses moments les plus fous, il n'avait jamais imaginé que la bourse qui répondait aux désirs, aux désirs et aux faiblesses du capitaine Waring devait être pratiquement sans fond. "Quel imbécile j'ai été!" il s'est dit. « J'ai vécu comme un anachorète, et Waring comme un prince ; il a dilapidé chaque centime de mon argent, il se retourne et *me reproche* de l'avoir induit en tentation ! »

Mme Brande, dans son confortable dandy Mussouri, M. Brande et Honor chevauchant en tête, serpentaient le long des flancs escarpés des forêts, franchissant des cols et descendant des ravins, voyageant tout le temps à travers des paysages exquis dans l'air clair des collines, où tout semble frais. , et les contours des arbres et des montagnes sont nettement définis sur un ciel sans nuages. Ils s'arrêtaient chaque nuit dans un bungalow différent, marchant environ quinze milles par jour et arrivant à leur lieu de repos en début d'après-midi. Le troisième jour, ils arrivèrent à une petite cabane forestière isolée, qui ne contenait qu'une véranda et trois chambres, dont deux étaient déjà occupées.

Une telle situation était sans précédent. Les premiers arrivés étaient deux ingénieurs en mission et une dame voyageant seule. M. Brande avait l'air excessivement vide, il devrait aménager une sorte d'abri dans la véranda, car ils n'avaient pas apporté de tentes, et pendant qu'il discutait avec Nuddoo, Honor s'éloigna avec son violon. Elle aimait jouer dans des lieux solitaires, où toutes sortes de caprices musicaux, et parfois ses propres compositions, étaient inaudibles aux oreilles des mortels.

Elle gravit la longue colline en pente à l'arrière du bungalow et, s'asseyant au-dessous d'un grand bouquet de bambous et d'herbe à éléphant, commença à jouer une musique douce et mélancolique, qui semblait contenir des paroles exquises.

Elle joua rêveusement pendant près de trois quarts d'heure, s'arrêtant maintenant pour remplir ses yeux du paysage - les collines, l'éclat du coucher de soleil sur un tarn de montagne profond et lointain, la faible ligne lointaine des plaines. .

Enfin il était temps de partir ; une étoile était éteinte et une fine lune argentée avait navigué dans le ciel. Elle a joué en finale « Home, Sweet Home », un hommage à Merry Meetings et à ses détenus. Alors que la dernière note s'éteignait, son oreille exercée et sensible capta un faible son dans les hautes herbes et la jungle derrière elle. Était-ce le son d'un soupir humain ? Elle sursauta et regarda autour d'elle. Juste à temps pour voir une main fine se retirer et l'herbe frémir partout, alors que quelque chose – quelqu'un – s'éloignait furtivement. Chaque parcelle de couleur avait disparu du visage d'Honor, alors qu'elle regardait l'herbe encore doucement ondulée. Non; elle n'eut pas le courage de chercher. Le bon sens murmurait, pourquoi devrait-elle le faire ?

L'endroit était extrêmement solitaire, isolé, silencieux ; il y avait déjà, ou était-ce de l'imagination, un aspect étrange et fantomatique sur les collines et les bois. Un instant plus tard, Miss Gordon, violoniste et lâche, dévalait la colline en courant vers la fumée du bungalow, aussi vite que ses jolis pieds pouvaient la porter – et ce, à un rythme étonnamment rapide.

Elle arriva essoufflée, au moment où les lampes étaient transportées dans leur chambre ; mais, étonnamment, elle garda son aventure pour elle. C'était peut-être une fantaisie – et elle connaissait la manière impassible de l'oncle P. de mettre les choses en pièces !

L'oncle Pelham n'envisageait pas avec beaucoup de plaisir une nuit passée dans une véranda ouverte. Il était quelque peu sujet aux frissons et l'air vif de la montagne avait un effet pénétrant sur ses rhumatismes. Mme Brande lui avait suggéré d'envoyer une note polie à leurs compagnons de voyage et de leur demander une part de leur logement.

"Ils ne peuvent que dire 'Non'", a-t-elle exhorté d'une manière encourageante.

"Je n'aime pas courir le risque qu'ils disent simplement 'Non'", fut la réponse quelque peu acidulée.

« Je suis sûr qu'ils seront trop heureux d'obliger un homme dans votre *situation* , P. Qu'est-ce qu'un coin de chambre, après tout ? et j'ai l'impression d'en avoir rencontré un quelque part, celui au visage pâle et au panier de pêche. C'était à Ŏrai. Vous ne vous souvenez pas de lui, P., un jeune homme très stupide ?

« Ma chérie, j'ai bien peur que vous deviez me donner une description plus exacte. Je connais tellement de jeunes hommes stupides », répondit M. Brande de son ton le plus sec.

À ce moment, Nuddoo, le superbe, entra et dit avec un salam :

"Le Mem Sahib dans une autre pièce offre la moitié de la chambre à notre Miss Sahib."

« Et voilà, Honor ! s'écria joyeusement son oncle, en pensant au rhume certain auquel il avait échappé de si peu.

« Mais qui *est* le Mem Sahib ? » demanda sa femme de son air le plus autoritaire.

« Une dame indigène, très riche », fut la réponse totalement inattendue.

"Indigène!" répétèrent Mme Brande et Honor dans un souffle. Alors Honor dit : "Eh bien, c'est extrêmement gentil de sa part, et tu peux dire, Nuddoo, que si je ne lui cause pas de désagréments, j'accepte avec grand plaisir."

"Honneur!" haleta sa tante.

«Oui, Honor, tu es une fille selon mon cœur», dit son oncle; « Argent poinçonné, et non électrolytique. J'ose dire que la plupart des filles que nous connaissons auraient refusé de partager la chambre d'une dame autochtone ! »

« Je ne suis pas une fille », s'écria sa femme, « et je le serais pour ma part. Elle mâchera de la noix de bétel ou de l'opium toute la nuit, croyez-moi ; et l'endroit sera envahi par ses femmes, blotties sur le sol, regardant, chuchotant et mangeant des cardamome et des épices ! Laissez -moi *tous vos bijoux et votre montre, ma chère ;* et en effet, Pelham, ce n'est pas une fille sur cent qui voudrait coucher avec une reine pour sauver vos vieilles articulations rhumatismales.

Honor se retira à neuf heures ; Mme Brande la quittant presque comme si elle allait être exécutée. Elle entra dans l'autre pièce, qui était à l'arrière du bungalow, avec beaucoup de précautions, car elle vit que son camarade dormait apparemment. Quoi qu'il en soit, elle était au lit et la tête couverte d'une couette. C'était l'appartement habituel blanchi à la chaux, avec un plafond en pin, et ne contenait rien de plus que les habituelles nattes en corde, une table, deux chaises et deux lits. Une lampe brûlait faiblement ; il n'y avait aucun signe d'aucun membre de la suite de la reine !

Honor s'empressa de se déshabiller et de se coucher le plus silencieusement possible. Elle était fatiguée, elle avait été en plein air toute la journée et bientôt elle s'endormit profondément. De ce sommeil, elle fut réveillée de façon inattendue par une lumière et par la sensation que quelqu'un se penchait sur elle. En une seconde, elle réalisa qu'une inconnue, une femme, se tenait à côté de son lit et balbutia dans un murmure curieusement délibéré : « Oh, je vous demande pardon !

"Alors," dit la jeune fille en se redressant instantanément et en se frottant les yeux, "vous êtes Anglais ?"

C'était l'un de ses clichés les plus fous. Elle avait rêvé d'une reine avec des anneaux au nez ; la femme à côté d'elle ne fit d'autre réponse qu'en fondant en larmes hystériques, s'agenouillant brusquement près du lit et enfouissant son visage dans ses mains.

"Oh, dis-moi", dit la jeune fille en posant une main impulsive sur son épaule qui se soulevait. "Quel est ton problème?"

"Grand, grand… problème… tel… dont vous n'avez jamais rêvé", haleta la silhouette. «J'étais assis dans le bois et je t'ai entendu jouer. Quand tu as joué un air que je n'avais pas entendu depuis plus de trente ans, quelque chose dans mon cœur a fondu. Je sentais qu'il *fallait que je* te voie, car même si je ne t'avais jamais vu face à face, je t'aimais ! Je t'ai demandé de partager ma chambre, afin de pouvoir te regarder en secret et emporter dans mon cœur le souvenir de tes traits. Mais, levant maintenant la tête et regardant Honor avec pitié, tu t'es réveillé et tu m'as découvert...

C'était une vieille femme, à la surprise d'Honor – au moins ses cheveux étaient blancs comme neige, ses yeux noirs et vifs comme ceux d'un faucon. Son visage était maigre et hagard, ses traits étaient usés, mais ils étaient parfaits dans la forme et les contours. Cette femme aux cheveux blancs, agenouillée à côté d'Honor, et qui lui baisait les mains avec des baisers précipités et fiévreux, devait être autrefois extraordinairement belle ; bien plus, elle l'était *maintenant* .

«Je t'ai regardé dormir», continua-t-elle, parlant dans une sorte de murmure rauque. « Je n'ai pas regardé le visage d'une Anglaise innocente depuis trente-cinq ans. Autrefois, j'étais comme toi. Votre musique a adouci mon cœur de pierre, et j'ai senti que je devais vous voir… oui, et peut-être vous parler une fois…, mon Dieu, avant de mourir !

"Mais quel est ton problème ?" » demanda Honor en serrant la main maigre qui tenait la sienne. « Que s'est-il passé ? Qui es-tu ? »

« Oui… qui suis-je ?… telle est la question… une question à laquelle on ne répondra jamais. Car chaque âme est engagée dans ses propres œuvres ; mon âme est engagée dans le silence. Vous avez entendu parler des dames mutinées ?

« Oui, pauvres âmes ; et je suis fier de mes compatriotes.

« Je doute que tu sois fier de *moi* . Vous parlez de ceux qui se sont levés, comme je les ai vus, et se sont offerts au glaive, ceux qui ont été abattus comme des bœufs. Je parle de... de... d' *autres* ... comment puis-je le dire à cet enfant ? qui ont été emportés et perdus à jamais dans la vie indigène. Moi, » regardant fixement la jeune fille dans les yeux, « je fais partie de ceux-là. Honneur perdu, vie perdue, âme perdue ! Dieu aide moi!"

Un silence de mort, rompu seulement par le crépitement furieux de la lampe, puis elle ajouta d'une voix étrange et dure :

"Eh bien, j'attends que tu me craches dessus !"

"Pourquoi devrais-je?" murmura Honor à voix basse.

"Écouter! J'éteindrai la lumière, je m'assiérai ici par terre et vous apprendrez mon histoire.

En une seconde, la pièce était plongée dans l'obscurité totale. L'obscurité semblait donner confiance à l'étrangère, car elle élevait la voix d'une touche, et Honor pouvait entendre distinctement chaque syllabe.

« Il y a trente-quatre ans, je n'avais pas plus de votre âge, mais j'étais marié depuis un an. Nous étions très heureux, mon mari et moi. Il était officier, dans n'importe quel corps. La mutinerie éclata ; mais nous n'aurions jamais imaginé que cela *nous* toucherait — oh non, pas *notre* station ! C'était ainsi pour nous tous. Un dimanche, nous étions tous à l'église, je m'en souviens bien ; nous étions au milieu des litanies, priant pour être délivrés « de la bataille, du meurtre et de la mort subite », lorsqu'un grand bruit de cris et de coups de feu commença à l'extérieur, et les gens se précipitèrent, trop tard, pour fermer les portes, et certains ont été abattus… ah, je les vois maintenant… » Honor la sentit frémir… « et beaucoup d'autres et moi-même nous sommes enfuis dans le beffroi, tandis que nos maris tenaient les escaliers. Ils retinrent les misérables si longtemps qu'ils perdirent patience, et après avoir incendié l'église, se précipitèrent vers les cantonnements et le trésor ; puis nous sommes tous descendus et avons trouvé nos voitures, nos poneys et nos véhicules qui attendaient (la plupart d'entre eux), comme d'habitude, là où nous les avions laissés. Nous y montâmes et partîmes au galop chez un rajah voisin, pour lui demander sa protection ; mais beaucoup d'hommes, y compris mon mari, restèrent sur place pour essayer de rassembler quelques troupes et de sauver l'arsenal et le trésor. Le rajah habitait à quinze milles de notre station – nous le connaissions bien – il venait à tous nos sports et courses. Cinquante d'entre nous ont demandé sa protection, mais il a fait semblant d'avoir peur de nous abriter et il nous a tous chassés le lendemain.

« Nous avons continué – oh ! quelle cavalcade mélancolique ! – dans l'espoir d'atteindre une autre station en toute sécurité ; mais hélas! Avant d'avoir parcouru cinq milles, nous rencontrâmes deux régiments indigènes qui s'étaient mutinés et les rencontrâmes face à face. On nous a ordonné de sortir à tour de rôle, au moment même où nous arrivions ; et, lorsque chaque homme, femme ou enfant descendait, sans armes et sans défense, ils étaient abattus ou abattus. Oh, la route, je ne l'oublierai jamais, cette route rouge, rouge entre deux récoltes de canne à sucre ! Miss Miller, comme elle avait l'air courageuse ! tout comme ce que l'on imagine d'une martyre : elle est sortie tranquillement et a enlevé son chapeau, et n'a jamais prononcé un mot ni crié alors qu'elle faisait face à son horrible mort.

"Mme. Earl et ses deux petits enfants, et le pauvre jeune Clarke, qui avait été blessé dans l'église. J'étais parmi les derniers ; Je m'étais évanoui, et ils m'ont cru mort, je crois, et ils m'ont jeté dans un fossé. Bientôt, je sortis en rampant et me glissai dans la canne à sucre ; mais un sowar m'a découvert ; il a vu ma robe blanche, et il est venu avec un tulwar ensanglanté et dressé ; mais quelque chose arrêta son bras – ma beauté, je suppose. J'étais la belle de la station – et il m'a offert ma vie, et je l'ai prise. Oh… » – et elle sanglotait hystériquement – « souviens-toi que je n'avais que vingt ans ! J'avais vu des morts. Oh, *ne* pense pas autant à moi que je pense à moi-même ! Il est venu au coucher du soleil et m'a apporté un tissu sombre de femme indigène pour le mettre par-dessus ma robe ; et quand les étoiles sont apparues, il m'a balancé sur la croupe de son cheval de troupe, et je suis monté derrière lui jusqu'à Lucknow. A Lucknow, nous sommes allés à pied pour ne pas être remarqués, et dans une foule, je lui ai échappé et, tournant dans une ruelle étroite, je me suis enfui. Je me tenais à l'intérieur d'une porte alors qu'il passait et je respirais librement ; mais hélas! un vieil homme ouvrit brusquement la porte de la poterne, me regarda fixement – un Feringhee, sur son seuil même

– et m'attira à l'intérieur. A quoi bon crier ! J'étais dans une véritable fosse aux lions.

«Le vieil homme m'a gardé caché, m'a habillé avec des vêtements indigènes, m'a appelé sa parente et m'a donnée pour épouse à son fils - une créature faible et stupide, qui est morte, et je suis restée veuve - une veuve indigène. . Oh, je connais la vie indigène ! La tyrannie farouche des vieilles femmes, de la vieille belle-mère, leurs langues, leur méchanceté, leur cruauté impitoyable ! Que de vengeances ont été exercées contre *moi* ! A cette époque, j'étais stupéfait et à moitié fou. Non, je n'avais aucun sentiment ; J'étais au milieu d'un peuple étranger ; ceux de mon propre pays, je ne les ai jamais vus – non, pas lorsque Lucknow a été capturée. La nouvelle même de sa chute a mis trois ans à parvenir à mes oreilles. Je n'ai jamais traversé une seule fois cette poterne fatale. J'étais, comme le croyaient mes proches, dans ma tombe.

« Ma belle-mère est finalement morte, puis le vieil homme, qui avait toujours été mon ami, s'est détendu. J'avais plus de liberté, mon esprit semblait reprendre vie, je parlais l'hindoustani comme mon natif. Je suis sortie en femme mahométane, voilée. Les gens du bazar ne se doutaient pas qu'un Mem Sahib se trouvait parmi eux ; ils croyaient que j'étais Perse — les femmes persanes sont très belles — seules une vieille femme et sa fille connaissaient la vérité. De temps en temps, ils me faisaient passer clandestinement un journal anglais ou un livre, sinon j'avais dû oublier ma propre langue. J'ai vécu cette vie pendant quinze ans, puis mon beau-père, Naim Khan, est décédé. Il n'avait pas de parents proches, et il était riche et m'a laissé tout son argent.

« Je suis reparti avec les deux domestiques et un vieil homme. Je me suis souvenu de Shirani et j'ai trouvé une petite cabane dans les collines où j'habite. Ces collines sont pour moi le paradis, comme les plaines étaient l'enfer. Pensez — non, ne pensez *pas* — à la vie étouffante dans une petite cour du quartier le plus dense de la ville, à l'eau putride, aux mouches, à l'atmosphère. J'aurais *dû* mourir depuis longtemps, mais ce sont ceux qui sont bons et aimés qui meurent. Même la mort m'a méprisé ! J'ai un revenu considérable, et une fois par an je suis obligé de me présenter et de le retirer en personne. Je reviens d'un court voyage maintenant, et c'est la première fois que je rencontre une âme. Ce petit bungalow solitaire est généralement assez vide.

"Où habites-tu?" » demanda Honor avec impatience.

« Dans ces collines, à des kilomètres de là, j'ai mes livres, mes fleurs, mes volailles et mes pauvres. Je travaille parmi les lépreux.

"Seul?"

« Oui, pour toujours seul ; et mon histoire est pour *vos* seules oreilles.

« Et votre propre peuple ?

« Croyez-moi mort ; et c'est ce que je suis. Ne suis-je pas mort il y a trente-quatre ans ? N'y a-t-il pas une très belle fenêtre à ma mémoire dans l'église où nous avons été attaqués pour la première fois ? J'en ai vu une description dans le journal : « l'épouse bien-aimée d'un tel, âgée de vingt ans ». Mon mari est marié.

"Marié!" répéta la jeune fille d'une voix surprise.

"Pourquoi pas? Sa famille s'agrandit : il a un fils qui est militaire ; sa fille aînée a vingt ans. Elle porte le nom de sa première femme. Sa première femme, la pauvre jeune fille, fut tuée lors de la mutinerie, massacrée sur la route de Bhogulpore. N'était-ce pas triste ? ajouta-t-elle d'une voix dure et sans émotion.

"Très très triste!" dit Honor sur un ton totalement différent.

"Je n'ai ni nom, ni personne, ni ami."

« Tu me laisseras être ton amie ? » – lui serrant la main avec sympathie.

« Comment t'appelles-tu, mon enfant ? »

"Honorez Gordon."

« Honneur… un beau nom ! *Tu* aurais donné ta vie, je l'ai vu dans tes yeux. Hélas, je n'ai jamais été courageux, je n'ai jamais pu supporter la douleur. La vie était douce – n'importe quelle vie, pas la mort ; tout sauf une mort brutale, horrible et violente ! Oh, si la mort n'était qu'un sommeil indolore hors de la vie, combien d'entre nous la quitteraient ! »

"Et quel est ton nom?" demanda à son tour la jeune fille.

"Nussiband."

« Mais ton *vrai* nom ? Tu ne me le diras pas ?

«Je l'ai oublié, presque. On ne le saura jamais maintenant, même quand je serai mort. Les gens me connaissent comme la femme persane qui vit près de Hawal Ghât.

« Laisse-moi faire quelque chose pour toi. Oh, vous le ferez, vous le devrez !

"Que pourriez-vous faire, ma chère?" » demanda-t-elle d'un ton désespéré.

« Vous me permettrez de vous écrire. Laisse-moi aussi aller te voir. Permettez-moi d'égayer votre vie d'une manière ou d'une autre.

"Impossible. Cela m'a fait du bien de vous voir. J'ai raconté mon histoire, une fois avant de mourir, à l'oreille d'une compatriote. Puissiez-vous être toujours heureux et béni. Donne-moi un petit signe, non pas pour qu'on se souvienne de toi, mais pour que je le garde parce qu'il était à toi.

« Que puis-je vous donner ? » – en pensant avec regret à ses quelques bibelots qui se trouvaient ailleurs.

"Une petite bague en cornaline, j'ai remarqué à ton doigt."

Honor a réussi. Elle sentit un long et fervent baiser se poser sur sa main. Puis elle a dit :

« Vous m'autoriserez à vous écrire et à vous envoyer des livres ? Vous devez. Je n'accepterai aucun refus. Mais nous pourrons en parler demain matin, n'est-ce pas ?

Il n'y eut pas de réponse autre qu'un autre baiser sur sa main et un profond soupir.

Au petit matin, Honor se réveilla, se redressa et regarda autour d'elle avec impatience. L'autre charpoy était nu et vide. Elle sauta du lit et faillit bouleverser son ayah, entrant derrière la porte, avec son thé du matin.

"Où est l'autre dame?" » elle a demandé avec enthousiasme.

« Oh, cette Perse, elle y est allée alors qu'il faisait encore nuit. Regardez-la pendant son voyage.

Et elle montra une route étroite de l'autre côté de la vallée, par laquelle passait rapidement un dandy avec des porteurs, hors de vue.

Après cette expérience, Honor a senti qu'elle avait soudainement vieilli de plusieurs années. Elle avait l'air inhabituellement pâle et grave lorsqu'elle rejoignit les Brande au petit-déjeuner.

"Eh bien, chérie, et comment ça s'est passé ?" demanda sa tante. « Est-ce qu'elle a fumé un huka toute la nuit ?

"Non, ma tante."

« Était-elle très brune et grosse, et mâchait-elle de la noix de bétel ?

« Non » – plutôt brièvement.

« Et c'est tout ce que vous avez à dire ? » – d'un ton de vive déception.

"Bon Dieu, Sara!" s'écria son mari avec impatience, vous ne supposez pas qu'ils aient eu une conversation, à moins qu'ils ne parlent dans leur sommeil.

"Et voici tes bracelets et tout, chérie", continua sa tante. « Mais je ne vois nulle part ta petite bague en cornaline ! Vraiment, ça ne vaut pas un sou, mais je ne le vois pas.

Non – et il était peu probable qu'elle le revoie un jour.

CHAPITRE XXVII.
MME. LANGRISHE se met dehors pour accueillir quelqu'un.

La petite excursion dans l'intérieur dura dix jours. M. Brande aimait à se débarrasser ainsi des entraves de la fonction et à mettre plusieurs kilomètres de montagnes et de vallées entre lui et les lettres officielles, les télégrammes et les chuprass écarlates, avec leurs détestables boîtes de fer-blanc. Il resta absent jusqu'à la dernière heure de son congé, profitant de marches tranquilles, de tiffins *en plein air* et de thés dans des endroits accueillants, ainsi que de discussions amicales avec les robustes Paharis ou les gens des collines. Il revint à Shirani aussi rafraîchi par le changement que sa bonne dame.

Le thé était prêt dans la véranda quand ils arrivèrent à la maison. Tout apparaissait dans un ordre parfait, même à l'œil attentif de la maîtresse, depuis les khitmatgars vêtus de neige, les fougères vert foncé brillantes jusqu'au chiot bafoué, fraîchement lavé et enrubanné, qui était présent dans les bras de l'ayah. Peu de temps après, Mme Sladen apparut pour accueillir la famille. Elle fut rapidement suivie par Mme Paul dans un pousse-pousse et par Miss Yalpy sur un élégant poney alezan.

« Nous sommes venus prendre de vos nouvelles », dit celle-ci en se servant d'un bon petit gâteau chaud.

"Nouvelles! Priez, où devrions *-nous* avoir des nouvelles ? » demanda Mme Brande, dont le moral était visiblement revenu.

"Viens, raconte-nous ce qui se passe à Shirani."

« Nous sommes tous sur le *qui-vive* pour le bal des célibataires ; il y a beaucoup de monde qui y vient, dit Miss Valpy.

« Célibataires, *j'espère* ? » » intervint vivement M. Brande.

"Oui; ce sera le huit.

«J'espère que nos robes sont arrivées», dit Honor avec inquiétude.

"Je pense que je peux soulager votre esprit", répondit Mme Sladen; « Il y a une grande boîte de nouvelles affaires dans la véranda arrière qui ressemble *beaucoup* à des robes. Mais pauvre Mme Curtice ! La charrette qui transportait ses cartons a traversé le pont brisé dans le lit de la rivière, et toutes ses robes neuves sont en bouillie !

"Qui est Mme Curtice?" demanda Honor. "Un nouveau venu?"

"Oui; une personne âgée et plus jeune », a répondu Miss Yalpy. « Elle me rappelle exactement un vieux moineau de Java ! Elle aurait la même apparence, peu importe ce qu'elle portait.

M. Brande, le seul gentleman présent, leva ses lunettes et regarda la jeune femme d'un air méditatif.

« Encore des nouvelles ? » continua son insatiable épouse.

« On dit que le capitaine Waring est fiancé à Miss Potter, à Simla. Est-ce que cela vous fait mal, Honor ?

"Oui, un pincement au cœur pour Miss Potter," rétorqua-t-elle. "Je ne peux pas supporter le capitaine Waring."

"Oh pourquoi pas? La plupart des gens font preuve de patience à son égard ! »

"Je déteste un homme qui, lorsqu'il me parle, me jette de temps en temps métaphoriquement sous le menton."

M. Brande braqua alors gravement ses lunettes sur sa nièce.

«Je vois ce que tu veux dire, chérie. Je suis sûr que, d'après ce que je sais de vous, il n'a jamais pris une seconde liberté avec vous. Sir Gloster est revenu.

Ici, Mme Brande a montré des signes d'attention accrue.

« Il est atteint de cécité des neiges. Il est allé au glacier.

"Eh bien, il semble que ce ne soit que l'autre jour qu'il soit parti", observa Mme Brande.

"Oui, juste après le pique-nique de famine", compléta Honor.

« Tout sera daté de là désormais ! s'exclama sa tante avec irritation. « Et est-il détenu à Shirani ? »

"Oui; Mme Langrishe l'a emmené comme nourrice.

"Mme. Langrishe ! Elle n'a jamais fait une chose pareille de toute sa vie, s'écria Mme Brande, et en plus, elle n'a pas de place.

« Oh, elle l'a inventé ; elle lui a donné la loge du major Langrishe et l'a envoyé au club.

"Eh bien je n'ai jamais!" haleta son auditeur.

"Vous voyez", continua Mme Paul en riant au visage de son hôtesse, "la force de votre bon exemple."

« Force d'exemple ! J'appelle cela la force d'être un baronnet. Et avez-vous vu quelque chose de Mark Jervis ?

"Oui; lui et certains des Scorpions. Le capitaine Scrope et M. Rawson préparent un jeu de piste. Je suis sûre qu'il sera ici actuellement », a ajouté Mme Sladen. « Il fait partie de ce comité de bal et est extrêmement énergique. Le voici », alors que Jervis et deux officiers galopaient jusqu'à la véranda quelque peu éclaboussés.

«Bienvenue», dit-il en descendant de cheval. « Non, non, merci ; Je n'entrerai pas, en tout cas plus loin que le tapis. Nous avons traversé des tourbières et des rivières et nous sommes dans un état sale.

"Pas grave; ce n'est que la véranda ! Entrez, dit Mme Brande avec insouciance.

« Mais cela me dérange beaucoup ; et puis, en riant, rien ne fait se sentir aussi bon marché que des bottes sales.

"Je pensais que tu étais habitué à te sentir bon marché", a déclaré Honor, avec une allusion ludique à son surnom.

"Non," jetant les rênes à son siège et montant les marches, "je préfère de loin être *cher* ."

« Cher, à tout prix ! » s'écria Miss Valpy, qui, au lieu de causer avec le capitaine Scrope, s'occupait de M. Jervis.

« Cher à *tout* prix », avec insistance. "Comment avez-vous apprécié l'intérieur?" se tournant vers Honor.

"C'était délicieux."

« Des aventures cette fois ? Des buffles, Mme Brande ?

"Non, Dieu merci, car j'ai les mêmes misérables que Jampannis."

« Et vous, mademoiselle Gordon ? N'as-tu pas eu d'aventures ?

Miss Gordon rougit vivement et marmonna une réponse inaudible, tout en plaçant délibérément le couvre-théière sur le sucrier. Il se souvint longtemps après de ce petit incident, puis en lut la signification.

"Voici Scrope qui attend une tasse de thé après sa dure journée", dit-il, tournant soudainement le sujet et frappant le capitaine Scrope sur sa solide épaule. "Scrope se perd dans l'ombre à force de travail, de travail, de travail." Lui et le capitaine Scrope étaient des collègues artistes et joueurs de raquette enthousiastes.

« Oui, c'est un fait ; ce n'est rien d'autre que des écoles et des classes, des exercices et des dessins de cartes. L'armée n'est plus ce qu'elle était », remarqua le capitaine Scrope, un individu corpulent au visage rond et à l'air joyeux. « Nous avons des classes de garnison, des classes de signalisation, des classes de mousqueterie ; mais le cours le plus odieux auquel j'ai jamais assisté est le cours de viande ! Je n'ai jamais négocié ce genre de choses quand je suis entré dans le service… »

« Qu'avez - vous négocié ? Qu'est-ce que tu voudrais? Est-ce que je vous prie, nommez-le ? » insista Miss Valpy.

"Eh bien, puisque vous me le demandez, un joli défilé gentleman une fois par semaine remplirait, à *mon* avis, toutes les exigences."

"Comme c'est modéré!" s'exclama-t-elle sarcastiquement. « Quelqu'un a-t-il vu le pauvre sir Gloster ? Cela doit être tellement ennuyeux pour lui de rester assis toute la journée avec les yeux bandés.

"Oui, j'ai regardé hier, il était plutôt joyeux et bavard."

"Absurdité! De quoi a-t-il parlé ?

"Eh bien… un… principalement lui-même."

"C'est un sujet plutôt sec", marmonna Jervis *à voix basse* .

Le capitaine Scrope éclata de rire.

"Il n'est en aucun cas aussi ennuyeux que vous le pensez", répliqua-t-il d'un ton significatif.

"Non; Miss Paske est une petite créature sympathique et a une voix agréable, observa Miss Valpy avec un pincement satirique des lèvres. « À propos, avec ses joues potelées et ses yeux bandés, Sir Gloster ne vous a-t-il pas semblé une copie grotesque du dieu Cupidon ?

« Pour citer l'immortelle Mme Gamp, je ne crois pas qu'une telle personne ait jamais existé. Et vous, Jervis ?

"M. Jervis ne sera pas d'accord avec vous, » rejoignit Miss Valpy, le scrutant d'un œil critique. Quels yeux sincères il avait – des yeux uniquement pour Honor Gordon – et il y avait une merveilleuse quantité de force endormie dans la courbe de ce menton et de cette mâchoire bien formés.

"Je ne suis pas un hérétique grossier comme le capitaine Scrope, mais je ne peux pas dire que j'ai jamais fait sa connaissance personnelle."

"Non!" s'exclama mademoiselle Valpy avec un regard un peu incrédule. "Alors je ne pense pas que vous aurez *longtemps* à attendre."

Les yeux perçants et la langue de Miss Valpy étaient connus dans tout Shirani. Jervis l'observa avec un regard poli et froid tandis qu'il répondait avec une nonchalance impossible à exprimer :

— Peut-être pas : on dit que tout arrive à celui qui attend.

« Et comment va Sweet ? notre propre choix, en particulier Sweet ? » demanda M. Brande en posant sa tasse et en s'adressant au capitaine Scrope. "Je languis d'avoir des nouvelles de ma petite chérie."

« La jolie enfant continue à plaire à tout le monde ! Tous nos squelettes spéciaux continuent d'être traînés à la lumière du jour. Son dernier exploit fut de demander à Mme Turner où se trouvait son deuxième visage, alors que M. Glover disait qu'elle en avait *deux* ! J'aimerais que quelqu'un ramène ta petite chérie à la maison ! Aussi pauvre que je sois, je contribuerais volontiers à son passage.

« À propos de renvoi à la maison, dit Mme Paul, notre collecte pour cette pauvre veuve et ses enfants se déroule à merveille ; nous avons près de deux mille roupies ; Je dois dire que les Anglo-Indiens sont très libéraux, ils ne font *jamais* la sourde oreille envers une œuvre caritative méritante.

«C'est probablement parce qu'ils sont humiliés par le noble exemple que leur donnent les indigènes», a fait remarquer M. Brande. « Un homme ici partagera son dernier chuppatty et sa dernière pièce avec ses proches – grâce au fait que les riches soutiennent tous leurs parents dans le besoin ; nous n'avons pas de mauvais taux.

"Il y a une personne mystérieusement charitable à Shirani", a poursuivi Mme Paul, "qui a envoyé à plusieurs reprises à Herbert cinquante roupies sous forme de notes anonymes, nous ne pouvons pas deviner qui il est?"

"Il? pourquoi ne serait-ce pas *elle* ? » demanda Miss Valpy d'un ton combatif.

« L'écriture est dans la main d'un homme, et les notes sont insérées de toute façon – elles sont cependant extrêmement bienvenues – et arrivent toujours au moment où on en a le plus besoin. C'est quelqu'un qui est ici depuis mars.

« Non, non, Mme Paul ; vous n'avez pas besoin de *me regarder* , s'écria le capitaine Scrope avec un geste de dépréciation ; « Je suis moi-même objet de charité. »

"N'en avez-vous aucune idée, n'avez-vous formulé aucune conjecture ?" » demanda judiciairement M. Brande.

"Je pensais que c'était peut-être Sir Gloster", commença-t-elle.

"Oh!" interrompit précipitamment Miss Valpy, je peux vous assurer qu'il est tout à fait au-dessus de tout soupçon : la seule chose chez lui qui n'est *pas* grande, c'est son cœur. Il est beaucoup plus probable qu'il s'agisse d'un membre de la société actuelle », et son regard souriant allait de M. Brande à Honor, de Honor à M. Rawson, de M. Rawson à M. Jervis.

Son visage était résolument penché, il jouait avec « Jacko » (l'ami de Ben, mort et disparu, qui honorait désormais Rookwood avec une grande partie de sa société), et tout ce qu'elle pouvait scruter était une tête aux cheveux bruns et un joli visage. séparation. Bientôt, la tête fut relevée. Elle croisa son regard à bout portant. Oui, il avait l'air indéniablement embarrassé, pour ne pas dire coupable, alors qu'il s'efforçait d'échapper à son regard inquisiteur.

« Le coupable est M. Jervis ! » proclama-t-elle avec un air de conviction calme.

À cette annonce, il y eut un éclat de rire grivois, même Mme Paul et Mme Sladen sourirent. Jervis, l'impécunieux, le modeste, le compagnon de voyage non rémunéré, eh bien, on l'appelait « le parent pauvre ! » Les tirs de Miss Valpy touchaient généralement une partie de sa cible, mais celui-ci était largement égaré. Et maintenant la conversation tourna vers le bal qui suivit. Les décorations ont été vivement discutées. La salle de danse serait-elle en rose, ou les hommes porteraient-ils des vestes de mess ? Les célibataires avaient-ils des couleurs distinctives, ou les couleurs du Shirani gymkana conviendraient-elles ? Devraient-ils choisir les couleurs du célibataire le plus populaire – c'était la suggestion de M. Brande – ou laisser chacun des cinquante hôtes aménager une petite partie de la pièce à sa guise ? Au-dessus de ce babel de langues, on entendit la voix claire de Jervis disant :

« Sachez, monsieur Brande, que je vais faire table rase de vos canapés et fauteuils. J'ai également pris note de votre nouveau lampadaire. Il nous faudra un verre à cheval...

Mme Brande rayonnait. Elle aimait que les gens lui empruntent ses affaires. Elle aurait prêté à son fils Mark sa plus belle robe de satin rose et sa coiffure en plumes, si cela lui avait été de la moindre utilité.

en masse, comme d'habitude .

Mlle Valpy a été aidée à monter son poney par M. Jervis, et alors qu'il arrangeait soigneusement son pied dans l'étrier et lui donnait les rênes, il leva les yeux et leurs regards se croisèrent.

«Merci beaucoup», fut tout ce qu'elle lui dit. À elle-même : « Aha ! mon bon jeune homme, je connais *deux* de tes secrets !

CHAPITRE XXVIII.
LE CLUB EST DÉCORÉ.

Le bal des célibataires devait être la danse de la saison, et se dérouler dans un style qui mettrait au défi toute compétition future, car le jeune Jervis – qui était une figure de proue du comité – avait développé des idées étonnamment magnifiques, et ordonnait les choses à droite et à gauche comme si les hôtes étaient autant de millionnaires. La moitié du souper – au moins tout ce qui était délicieux ou rare, qui pouvait oser entreprendre un voyage – devait être expédié de Pelitis. Il parut à la communauté flattée que l'empire indien était saccagé de Calcutta à Bombay, afin de les divertir convenablement. Des groupes de coolies travaillaient avec les palmiers des basses terres chaudes, une douzaine de paharis cherchaient des orchidées dans les collines, il y avait du gibier du Terai, des pâtés et des friandises françaises de la ville des palais, et des poissons qui avaient exécuté leur dernière éclaboussure. dans le golfe du Bengale.

Le Dr Loyd hocha la tête au-dessus de son journal dans le fumoir du club et remarqua : « Il supposait que tout était comme il se doit et vraiment *fin de siècle* !

À quoi l'honorable. P. Brande, du *Calcutta Journal*, a répondu :

"Caca! *Fin de siècle !* Quel *siècle* ? Les Romains, nous le savons tous, obtenaient leurs huîtres de Cornouailles, leur caviar de la Caspienne, nous ne faisons que les copier dans notre Capoue dite moderne.

« Oui », répondit le Dr Loyd en riant, « vous avez raison ; nos goûts luxueux sont vieux de plusieurs siècles ; mais nous avons progressé dans d'autres domaines. La science, par exemple. Il y a eu de splendides découvertes.

"Il s'agit pour la plupart de violations d'anciens brevets chinois et égyptiens."

"Voulez-vous dire que nous n'avons pas avancé ?" demanda l'autre en déposant délibérément son papier.

« Oui », a admis M. Brande ; « nous avons des téléphones, des machines à coudre, des vélos, des télégrammes ; Je doute qu'ils nous aient rendus plus heureux que nos ancêtres. Les femmes ont progressé, c'est certain. Il y a un siècle, ils se contentaient de vivre au même endroit et dans un état d'ignorance engourdie : ils étaient convaincus que leur *métier* consistait à rester à la maison, à cuisiner et à coudre. Maintenant, nous avons changé tout *cela*. Je lis un article d'une femme, en tapant sur la page, qui est étonnamment brillant, lucide et audacieux.

"Oh, ils sont assez *audacieux*, les imbéciles se précipitent, vous savez."

« Cela veut dire que nous sommes des anges ! Merci, Loyd, répondit M. Brande avec son petit rire sec. « Cet article s'inscrit tout à fait dans votre propre ligne. Le sujet est l'hérédité, la question brûlante du jour et de l'heure. Comme elle est impitoyable, cette hérédité, continua-t-il en ôtant son *pince-nez* et en s'asseyant au fond de son fauteuil, le seul héritage certain et infaillible ! Étrange comme se transmettent une voix, un truc, un goût, la forme d'un trait ou d'un doigt, ainsi que des vices rongeurs pour l'âme, des maladies corporelles et des difformités. Même les animaux… »

« Oui, oui », avec impatience, « tu vas me parler du chiot qui montre du doigt dès qu'il a les yeux ouverts. Je sais tout ce qui a été dit. Bien sûr, nous en voyons une grande part dans notre profession.»

« J'aurais aimé que le goût de la cuisine se transmette dans la famille de ma femme », s'écria le colonel Sladen, se plongeant soudain dans la conversation. "Je lui dis qu'elle va m'empoisonner encore, et tout aussi efficacement que si elle était Lucrezia Borgia."

«Je suis seulement surpris qu'elle ne l'ait pas fait depuis longtemps», marmonna un passant.

« Qu'est-ce que tu disais à propos du progrès des femmes, hein, Brande ? C'est de la plus grande pourriture et de la plus grande absurdité que ces gribouillages et ces proverbes sur l'égalité des sexes, » fanfaronna le Colonel Sladen, se plaçant face au tapis du foyer. « Les femmes doivent être maintenues à leur place : leur sphère est la maison, la crèche et la cuisine. »

Des cris de « Oh ! Oh!" de plusieurs jeunes hommes, attirés sur scène par une voix de basse flagrante bien connue.

« Oui, je dis – encouragé par son auditoire – que cette indépendance croissante doit être étouffée, et immédiatement. Les femmes s'imposent chez nous : médecins, décoratrices, membres de conseils scolaires, lutteuses seniors, journalistes. Je ne sais pas *ce qu'ils* voudront ensuite.

"Alors je serai heureux de vous éclairer", répondit une voix claire et aiguë depuis l'embrasure de la porte, et là se tenait Miss Valpy, dans son habit le plus masculin, son gilet Tattersall et son chapeau de marin, à la tête d'une foule d'autres dames. "Désolé de vous déranger, messieurs, mais nous *voulons* cette chambre."

Le Colonel Sladen souffla et lança un regard furieux, pour le moment absolument sans voix.

— Permettez-moi de vous présenter le comité de décoration du bal, continua ce jeune homme audacieux. « Le secrétaire nous a cédé le club pour deux jours. Nous avons *carte blanche* et pas de temps à perdre. Chaque appartement dispose de son propre nombre de travailleurs. Celui-ci représente notre part », regardant autour de lui avec l'œil complaisant d'un propriétaire. « Bien sûr, il faudra qu'il soit soigneusement fumigé et aéré ; mais j'ose dire que ça ne fera pas un mauvais salon de thé.

"Voulez-vous dire que nous devons nous retirer?" » demanda le colonel Sladen, « et abandonner notre fumoir pour cette bêtise ?

«Il n'y aura pas de bêtises à propos du *dîner* », rétorqua-t-elle de manière impressionnante. « Je vous serais vraiment très obligé si vous » (regardant autour de vous et parlant avec autorité) « vous vouliez tous partir. »

"Alors je suppose que nous devons nous rabattre sur la salle des cartes", grogna le colonel Sladen, non mécontent d'avoir ainsi obtenu une première partie.

"Oh, je vous en prie, ne le faites pas!" avec un geste dépréciatif, « la salle des cartes est déjà en main ; ce sera le vestiaire des dames.

Le Colonel Sladen se retint avec beaucoup de difficulté en demandant, d'une voix comme étranglée :

"Et, je vous prie, quelles dispositions ont été prises pour le whist ?"

"Oh, une tente suffira pour les joueurs de cartes !" fut la réponse méprisante.

« Je n'ai jamais entendu parler d'une telle gestion ! *Je* ne viendrai pas à ce bal béni !

"Oh oui, vous le ferez", répondit sereinement Miss Valpy. Elle était déjà au travail, collectant et empilant les journaux. « Pensez aux crevettes et aux pomphrets venant de Bombay, et *comme* ils seraient déçus de ne pas vous voir ! »

« Ah, et la beauté d'Agra qui est également attendue : Miss Glossop ; *elle* va tous vous éliminer ! Hahaha!" rétorqua le Colonel Sladen avec une exultation colérique.

— C'est ce que les gens disent généralement d'une fille qu'ils n'ont jamais vue, répondit Miss Valpy en balayant froidement les saletés répandues sur la cheminée. «Maintenant, *je* l'ai vue. Il y a vingt visages plus jolis à Shirani.

« Y compris le visage de Miss Valpy ! avec un sarcasme féroce.

"C'est extrêmement gentil de votre part de le dire", lui faisant une révérence moqueuse, "et pour une fois je suis tout à fait de votre avis."

Le Colonel Sladen ne trouva aucune réplique appropriée au-delà de quelques bruits émotionnels inarticulés.

« Fanny » – à sa sœur – « aide Mme Glover et Mme Bell. Abdar, s'adressant à un serviteur, sortez toutes les chaises de la véranda et envoyez les coolies soulever la table.

Ainsi, le fumoir fut pris d'assaut et ses locataires légitimes dispersés par des femmes audacieuses, dominatrices et sans scrupules. Il est vrai que tous les départements ont été réprimandés ; les dames âgées s'étaient chargées du souper. Il devait y avoir de petites tables pour quatre : un départ tout à fait nouveau ; et le jour du bal, il ne restait presque plus une petite table dans aucune maison privée de Shirani : les célibataires avaient emprunté chacune d'entre elles, ainsi que des fauteuils, des tapis et des draperies. Rookwood a été presque balayé et garni, en réponse aux demandes de Mark, le « garçon » de Mme Brande. Mme Langrishe, âme prudente, avait refusé de prêter une seule chaise ou un seul chandelier. Cela aurait créé un précédent. Elle a cependant eu la bonté d'épargner sa nièce, qui a démontré qu'elle pouvait travailler dur, décorer et arranger des fleurs quand elle le voulait, et qu'elle était pleine d'expédients astucieux. Elle et Toby Joy présidèrent à l'aménagement des longues vérandas et les divisèrent avec des paravents, des palmiers et des canapés, accrochèrent des lampes, des drapeaux et des draperies, et concevèrent de nombreux coins salons avec des détails curieusement sympathiques et un soin élaboré. Leurs éclats de rire joyeux pénétraient continuellement jusqu'à la salle de bal, où un grand groupe, au moyen d'échelles, de marteaux et de clous, festonnait les murs de kilomètres de mousseline de bazar. Chaque département avait son propre personnel spécial, et ils embellissaient selon leur goût collectif et en rivalité amicale avec leurs voisins.

Une bande d'ouvriers rendait visite à une autre pour donner son avis et ses encouragements, et la plupart des jeunes appréciaient autant les décorations que le grand résultat : le bal lui-même.

Honor, Mme Sladen et une demi-douzaine d'hommes et de jeunes filles étaient postés dans les salles de réception et dans la tente à cartes et, chose étrange, Honor et Mark Jervis partageaient le même marteau et le même sac de clous. L'histoire personnelle a ses époques : de brèves saisons, pendant lesquelles la vie est plus remplie que d'habitude. Jamais la vie de ces deux jeunes gens n'avait paru aussi féconde en événements agréables qu'à l'heure actuelle !

Miss Valpy, la vaillante chef de l'espoir désespéré qui a pris d'assaut le fumoir, se reposait de ses travaux. Le déjeuner des ouvriers devait être servi en *plein air* dans la véranda arrière. Pendant ce temps, elle se reposait dans un endroit privilégié, une spectatrice intéressée et aux yeux de lynx. Elle ne se reposait pas seule ; son compagnon, M. Skeggs – le jeune qui considérait un jeune homme comme une récompense en soi – se prélassait paresseusement à côté d'elle.

Il avait un peu peur de Miss Valpy, sa langue acérée pénétrait parfois la peau de rhinocéros de son vanité. Mais d'une manière ou d'une autre, les autres filles n'avaient pas encouragé son aide, qui, à vrai dire, consistait principalement à laisser tomber des paquets de punaises sur le sol et à prodiguer des critiques peu élogieuses.

"Cela devrait être une balle déchirante", remarqua le jeune avec complaisance. « Terriblement bien fait. Certains d'entre eux travaillent comme des nègres. Et il sourit comme un écolier.

"Je suis heureuse de voir que vous appréciez généreusement les efforts des *autres* ", répondit sévèrement la jeune femme.

« Ah, eh bien, oui » – en caressant sa moustache extrêmement pâle. « Dis-je, je me demande qui sera la belle ce soir ? Selon vous, qui est la plus jolie fille de Shirani ? J'interdis les femmes mariées.

«C'est *quelque* chose de très nouveau. La plus jolie fille », répéta-t-elle de manière spéculative. "Eh bien, Miss Clover est la plus strictement belle, ses traits sont les plus corrects en dessin."

"Oui; seulement, elle a toujours l'air d'être habillée pour s'asseoir ou se tenir debout et être regardée, comme une figure de cire avec une étiquette : « Le public est prié de ne pas toucher ». Vous ne pourriez pas l'imaginer jouer un dur jeu de tennis, monter à cheval ou braver le temps pluvieux.

"Non" - sarcastiquement - "J'imagine qu'elle s'en sortirait mal."

« Miss Paske est la plus vive du lot. Elle a un petit visage tellement piquant et méchant. Dans l'ensemble, je lui donne la préférence. J'aime parler et danser avec elle, mais j'aime les *tête-à-tête* ou les longues promenades, car c'est exactement le genre de fille qui ferait une demande en mariage à un homme comme un coup de feu.

"Je suis sûre que vous ne devez pas être le moins du monde inquiet ou avoir peur de lui mettre la tentation", répondit Miss Valpy. « *Vous* pouvez profiter de sa compagnie en toute impunité. Vous ne lui conviendrais pas du tout, car vous n'êtes ni riche, ni beau, ni intelligent, ni même distingué par autre chose qu'une énorme vanité ; et l'amusement qu'il nous procure est votre *seule* qualité rédemptrice.

M. Skeggs caressa de nouveau sa petite moustache, cligna fatiguant de ses cils blancs et rigola comme une fille.

«Écrasé, pour ne pas dire écrasé», gémit-il.

« Vous admirez Miss Paske, » continua la jeune dame avec mépris. « *Exactement* ce que j'attendais de toi ! À mon avis, elle ne doit pas être nommée à la même heure qu'Honor Gordon. Quels beaux yeux elle a !

"Oui; Miss Gordon avec son violon et sa silhouette est difficile à battre. Quant à ses yeux, je suppose qu'ils ne *vous* ont jamais brûlé ? Elle est trop distante ; c'est une fille de femme. À vrai dire, elle me fait peur.

« Pauvre petit soldat timide ! Sans doute tu veux dire qu'elle ne te flatte jamais ; et j'avoue que sa franchise honnête me coupe parfois le souffle. Cependant, elle ne terrifie pas les autres hommes – par exemple, » et elle fit une pause expressive, « M. Jervis.

"Non;" pinçant la bouche et haussant les sourcils. « Je ne devrais pas dire qu'il *s'est détourné* d'elle. Et qui considérez-vous comme le plus bel homme de Shirani, Miss Valpy ? Votre goût est tellement cultivé.

« La compagnie actuelle est toujours exceptée ? » avec un regard moqueur du coin de l'œil.

Il hocha la tête avec un acquiescement solennel.

"M. Jervis, bien sûr », fut son opinion immédiate et désinvolte.

"Oh, viens, dis-je", s'expliqua le jeune homme.

« Oui, je dirai qu'il est extrêmement beau ; pas dans la grosse moustache, le nez crochu, l'audacieux brigand. Il a un air noble ; la forme de sa tête, la distribution de ses traits, l'expression de ses yeux incarnent mon idée d'un héros.

"Un héro!" » s'écria son auditeur. « Super Écossais ! Dommage qu'il n'ait aucun moyen de montrer de quoi il est fait, à part chasser les buffles des vieilles dames.

« Oui, c'est dommage. Cependant, son opportunité pourrait *encore se présenter* . Il est encore plus dommage qu'on ne puisse jamais faire l'éloge d'un homme auprès d'un autre.

"Eh bien," soignant son genou d'un air méditatif, "j'admets que Jervis est passable et a l'air propre…"

« Merci, c'est très gentil de votre part. Ne vous semble-t-il pas qu'il est atteint d'une vieille infirmité et qu'il est décidément timide ?

"Timide!" il a presque crié. « Jervis timide ? Hahaha!"

"Eh bien, il est avec des dames."

« Oh, vous pouvez l'appeler par *le nom que* vous voulez. J'appelle ça de la minutie. En tout cas, il n'est pas timide avec les hommes. Sans peur! Hier soir encore, au club, un caduque a fait une remarque caddy, et ce n'est pas notre vieux secrétaire qui l'a repris et s'est lancé à sa poursuite, ni aucun des vieux types, mais Jervis. Par George, il lui a donné du poivre. Je lui ai donné une gifle dans la gorge, avec les éperons et tout. Un homme d'homme, vous savez, et populaire. Il peut chanter une bonne chanson, faire un bon discours et est aussi actif qu'un chat ; il faudrait le voir courir et sauter debout sur la cheminée de la salle de billard.

« Quoi, Jervis ? *Mon* Jervis ? » sur un ton d'horreur affectée.

« Hum ! Eh bien, je ne suis pas sûr qu'il soit *votre* Jervis, » dit M. Skeggs d'une voix traînante.

"Non; et je suis absolument certain qu'il ne l'est pas, dans le sens où vous l'entendez. Je dois avouer que j'aimerais l'étudier.

"Voudriez-vous?" sarcastiquement. « Vous ne le trouverez pas facile à classer ou à insérer dans les casiers habituels ; c'est un type qui a un don singulier de maîtrise de soi : il consomme sa propre fumée, vous savez.

« Pourquoi avez-vous débridé votre grand esprit et l'avez-vous étudié vous-même ! Qu'est-ce que tu fais de lui ?

«Je le présente comme une curiosité – un mélange de berger arcadien, de houle de Londres et de jeune homme riche de la Bible.»

« Vous m'accablez complètement, surtout par votre dernière comparaison. Pourquoi le jeune homme riche dans la Bible ?

"Parce qu'il a gardé tous les commandements."

"Oh!" Prenant une longue inspiration, « il doit être une rareté aussi merveilleuse que le grand pingouin. Quant à un berger arcadien, je vois ce que tu veux dire. Il a ce que certains appellent un esprit extérieur. Je n'ai *pas* . Je détesterais Arcadie, les pelouses vertes, les escrocs enrubannés et les agneaux qui sautent. Pour vous dévoiler un secret mort, mort, je ne peux jamais voir un agneau sans penser à *la sauce à la menthe* !

"Honte! Honte!" s'écria M. Skeggs d'un ton tragique. "Eh bien, Miss Gordon," s'adressant à Honor, qui s'était approché de leur coin, "comment vous en sortez avec ce grand projet de miroirs et de draperies ?"

"Très mal. Cela aurait été terminé depuis longtemps, seulement quelques personnes sans scrupules de la salle de bal se sont attaquées à moi et ont emporté mes deux marteaux, toutes mes épingles et deux de mes meilleurs Phoolcarries. Comment tu appelles cela?" appel à la sympathie auprès de Miss Valpy.

«J'appelle cela une honte bestiale», dit Toby Joy, qui l'avait rejoint, parlant avec beaucoup d'indignation vertueuse, Toby, qui avait lui-même été l'un des voleurs les plus audacieux.

"Je l'appelle, Honneur parmi les voleurs", remarqua Jervis, qui passait par là.

Miss Valpy le soignait avec attention. Non, ce jeune homme n'était pas du tout timide.

« J'ai fait une infinité de beaux kala-juggas, » continua Toby avec complaisance ; « Il devrait y avoir une demi-douzaine de rendez-vous ce soir », et il hocha la tête et se frotta les mains avec extase.

«Je pensais que les kala-juggas n'étaient pas autorisés», rétorqua sévèrement Miss Valpy.

« De bons pièges à hommes », grogna le colonel Sladen, qui venait d'arriver pour formuler des critiques et obtenir un déjeuner. « Mais les filles ne s'en vont plus comme elles le faisaient à l'époque où j'étais célibataire. Les filles, » jetant un regard attentif à Miss Valpy, « sont une drogue sur le marché. »

"Il y a une autre vision qui ne vous est peut-être pas venue à l'esprit", répondit-elle en relevant le gant ainsi lancé à son visage. « Ils sont sans doute plus *difficiles* que lorsque *vous* étiez jeune. Ils ont peut-être entendu la bonne vieille devise : « Regardez avant de sauter ! »

Toby Joy ricana de manière audible, et le colonel Sladen, se tournant sauvagement vers lui, demanda : « De quoi diable se moquait-il ?

Toby, légèrement intimidé par les sourcils froncés et l'attitude féroce du magistrat de cantonnement, répondit doucement avec un clin d'œil impudent :

«Je pensais seulement à quelque chose qu'on m'avait dit tout à l'heure. Le porteur anglophone de Mme Tompkins lui a annoncé aujourd'hui que l'oie avait quatre petits ! »

Il y eut des éclats de rire devant cet élément surprenant de l'histoire naturelle ; mais le colonel Sladen n'était toujours pas apaisé et aurait impitoyablement insisté sur sa question sans M. Skeggs, qui s'écria avec une grande présence d'esprit :

« Voilà Jervis qui revient ; que dit-il? Ah ! » – avec un geste de joie – « Déjeuner… déjeuner… déjeuner. Cela montre qu'il est un extraterrestre, sinon cela aurait été 'Tiffin-tiffin-tiffin.'

« Mesdames et messieurs, » dit Jervis en s'inclinant profondément, « le déjeuner vous attend ; et Mme Loyd me demande de vous annoncer que comme vous êtes ici pour travailler et non pour jouer, vous n'avez droit qu'à vingt minutes pour des rafraîchissements.

"Mme. Loyd est aussi mauvais qu'un pull de l'East End », grommela M. Skeggs, déposant Miss Yalpy depuis leur perchoir commun.

« Vous pouvez dire à Mme Loyd de ma part que je ne travaillerai pas une seconde pendant les huit heures », s'écria Toby ; et, offrant son bras à Miss Paske, ils traversèrent la salle de bal en valsant, « juste pour essayer le parquet ».

« Veuillez observer, » murmura Miss Yalpy, alors qu'elle et son escorte s'asseyaient devant un déjeuner froid et *recherché* , « comment l'homme de votre homme, M. Jervis, prend soin de s'assurer une place à côté de la fille d'une femme. Pouvez-vous expliquer cela ?

"Non", saisissant deux sculpteurs alors qu'il parlait. "Pour le moment, je préfère explorer le contenu de cette tarte levée des plus intéressantes."

CHAPITRE XXIX.
MARK JERVIS EST DÉMASQUÉ.

A neuf heures — les bals indiens sont ponctuels et matinaux — on voyait de nombreuses lumières converger dans toutes les directions vers le club. Le plus ancien habitant la reconnut à peine, tant elle était complètement métamorphosée, retournée à l'envers et à l'envers. L'effet général était éblouissant : tapis persans, riches draperies, lanternes chinoises, paravents japonais, grands palmiers, abondaient dans les vérandas, et la salle de bal était un éclat de bougies, de miroirs et de mousseline rose. Les salles de réception étaient envahies par des filles et des hommes occupés avec des programmes et des crayons.

Parmi les filles, personne n'a été aussi étroitement assiégée que Honor Gordon. Elle était plutôt ravissante, dans une nouvelle robe de bal blanche, avec une étoile en diamant parmi ses mèches sombres (cadeau d'anniversaire d'oncle Pelham). Quant à Mme Brande, en robe noire, personne ne l'avait jamais vue parée avec autant d'avantage. Elle était à la fois belle et digne dans ses velours et ses diamants, si différents de ses habituels costumes multicolores « atteins-moi vers le bas ». Honor avait composé le costume, et cela lui faisait honneur.

La danse a commencé avec toute la rapidité et la vivacité d'un bal de montagne. Il n'y avait pas d'hommes paresseux et paresseux devant les portes, et seulement quelques giroflées ; en outre, il y avait beaucoup de nouveaux visages, et pas mal de jolies robes neuves. Cela allait être un brillant succès.

« Je viens à Shirani depuis six saisons, » dit Mme Brande à Mark (ils étaient assis à un bal), « et je devrais bien connaître le club. Mais je vous donne ma parole, je ne sais pas dans quelle pièce je me trouve ! (Un compliment plus élevé était impossible.) « Je n'ai jamais rien vu de pareil ! Où avez-vous trouvé de si grandes idées ? et des idées tellement extravagantes, hein ? car je puis dire que *vous* avez réussi ce bal.

Mark rit avec retenue et ne répondit pas.

"Alors j'ai entendu dire que votre cousin est fiancé à Miss Potter ?" continua la dame.

« C'est ce qu'on me l'a dit, mais pas lui-même. Je l'attendais plutôt ici ce soir.

« De l'argent contre de l'argent, bien sûr », poursuivit la matrone avec mécontentement ; « et la pauvreté épouse la pauvreté. Il y a Honor : elle a tellement peur de ce que les gens peuvent penser, qu'elle est à peine polie envers quiconque a un sou en plus de son salaire. Elle est carrément en confrontation avec Sir Gloster et le capitaine Waring. Elle épousera un pauvre, bien sûr, si jamais elle se marie, et sera pauvre et fière jusqu'à sa tombe !

Les yeux de Mark suivirent le regard affectueux de Mme Brande et se posèrent sur une vision radieuse aux yeux rieurs, qui s'efforçait d'arranger une dispute entre deux partenaires. Elle ne donnait pas l'impression d'être ni pauvre ni fière, à l'heure actuelle.

Oui, la danse se déroulait à merveille. Les nouveaux venus avaient tous reçu des partenaires ; les rafraîchissements étaient parfaits ; il n'y avait pas trop de sel dans les glaces ni de sucre dans la tasse. Les arrangements de mise en scène furent grandement appréciés et l'excellent orchestre se montra sobre envers un homme.

L'un des étrangers valsait avec Honor Gordon ; c'était un jeune homme vif, qui allait devenir quelque chose un jour et qui voyait le monde comme un premier pas. Il gardait les yeux ouverts, portait un carnet et avait couru jusqu'à Shirani pour rendre visite à son frère et recueillir des statistiques et des couleurs locales. Alors qu'ils s'arrêtaient, il haletait, essoufflé :

"Alors vous avez ce camarade Jervis ici?" hochant la tête en direction de l'endroit où il se tenait, exactement en face. « Jervis, le millionnaire, comme vous le savez bien sûr ?

"Oh non; c'est son cousin, le capitaine Waring, qui porte ce nom.

« Il donnait certainement cette impression à Simla, et sur cette base il était sur le point de se fiancer à une héritière ; mais j'ai arrêté son jeu, dit le petit homme avec complaisance.

" *Tu* l'as fait! Et puis-je demander pourquoi ? le regardant avec un grand étonnement.

"Pourquoi? Pourquoi ne devrais-je pas dénoncer un imposteur ?

"Je pense que nous devons être à contre-courant et parler de personnes différentes", dit la jeune dame avec un peu de raideur.

"Je crois que non; mais nous pourrons y revenir plus tard. Ne perdons pas cette valse majuscule.

Lorsqu'ils eurent encore fait deux tours dans la pièce, ils s'arrêtèrent, et il reprit tout à coup :

« Waring n'a pas un sou pour se bénir. Rien que des dettes. Il a quitté les Rutlands en homme ruiné, ruiné par sa propre folie.

"Et M. Jervis?"

"C'est le jeune homme riche", a-t-il répondu de manière impressionnante.

L'incrédulité de sa compagne se reflétait si clairement sur son visage, qu'il ajouta :

« Oui, je ne plaisante pas. Ce beau jeune homme là-bas, près de la porte, qui parle à la fille en rose. Je suis sorti avec lui à bord du navire en octobre dernier. Waring et lui allaient faire une tournée. Waring était une sorte de compagnon et un messager distingué. Je dois dire que le jeune homme fut honteusement assailli par de nombreux snobs, qui le prenaient pour un second comte de Monte Christo. Il est en réalité le fils adoptif d'un riche homme de la ville, appelé Pollitt – l'orge de Pollitt, vous savez, » avec un signe de tête explicatif – « et il aura probablement une immense fortune. Il aime naturellement une vie tranquille et semble détester tout étalage ou ostentation. Certaines femmes l'obligeaient à rester assis toute la journée dans le fumoir. Ils l'accompagnèrent d'avant en arrière, et même jusqu'à la salle des machines. Car, voyez-vous, c'est un beau garçon gentleman ; pas de grain de volaille autour de lui, hein ?

Honor avait l'impression d'être dans un rêve ; sa tête tournait. Toutes ses idées sur la situation des deux cousins se trouvèrent ainsi brusquement renversées. La nouvelle était en effet une révélation, et extrêmement difficile à réaliser.

«Je suppose que vous êtes *tout à fait* sérieux», balbutia-t-elle finalement. « Mais savez-vous que le capitaine Waring et M. Jervis ont été ici ensemble pendant des semaines et qu'aucun d'eux ne nous a jamais donné la moindre idée de votre version de l'histoire. C'est le capitaine Waring qui faisait des projets, divertissait et prodiguait de l'argent…

« Oui, il a toujours été un expert en la matière ! Il a dépensé l'argent de Jervis, je vous l'assure. Jervis restait discret pour mener une vie tranquille ; il n'a pas de goûts coûteux. Mais tout cela n'était qu'une plante !

"Alors, si ce que vous me dites est exact, je pense que *je* devrais appeler cela un canular honteux", dit la jeune femme, se tordant intérieurement sous la piqûre de nombreux souvenirs. "C'était abominablement trompeur de la part de M. Jervis."

« Vous a-t-il déjà dit, à vous ou à quelqu'un d'autre, qu'il était un pauvre ?

"Non!" admis-t-elle à contrecœur. « Je ne peux pas dire qu'il l'a fait ; mais il a joué le rôle, ce qui était tout de même.

« Ah, ma chère Miss Gordon, vous avez sûrement souvent entendu dire que les apparences sont trompeuses. Positivement, vous semblez plutôt ennuyé de constater que Jervis est un homme très riche.

"Je le suis", répondit-elle avec une dignité indescriptible.

« Votre état d'esprit est délicieusement unique ! Qu'aurait-il été s'il avait fait semblant d'être riche et s'était révélé être un mendiant ? » Et il la regardait avec une régularité irritante.

« Il nous a tous accueillis ; c'était dommage de sa part ! Et s'il *est* si riche, qu'est-ce qui a pu le retenir à Shirani ? Il est ici depuis plus de deux mois et semble être un incontournable. Il est arrivé en avril et n'a jamais quitté la gare depuis un jour. Tout le monde pensait que c'était parce qu'il n'avait pas les moyens de se déplacer . Qu'est-ce que ça veut dire?" et elle, à son tour, le considérait avec des yeux scrutateurs.

"Ah!" en riant : « Cette énigme me dépasse complètement ; mais je pense que si vous vous adressez à une *jeune femme* de Shirani, elle pourrait répondre à la question. Laissez-moi vous suggérer sa partenaire actuelle, la fille en rose ?

FIN DU VOL. II.